MEXICAN ARCHITECTURE

Mexican Architecture

THE WORK OF Abraham Zabludovsky
AND Teodoro González de León

by PAUL HEYER

Walker and Company ✹ New York

First published in the United States of America
in 1978 by the Walker Publishing Company, Inc.

Published simultaneously in Canada by Beaverbooks,
Limited, Pickering, Ontario

ISBN: 0-8027-0595-2
LIBRARY OF CONGRESS CATALOG CARD NUMBER: 77-90489

Printed in the United States of America

JACKET AND TEXT DESIGNED BY JUDITH WORACEK;
*background colors of binding, jacket and end papers
selected by Rufino Tamayo.*

10 9 8 7 6 5 4 3 2

ACKNOWLEDGMENTS

PROGRAMA DE DESARROLLO URBANO EN POZA RICA, VER. *Antropólogo:* Luis Lesur. *Meteorólogo:* Ernesto Jauregui, *Economista:* A. López Romero. *Assistant Arqs.:* Victor Márquez/Epigmenio Conti/Guillermo Acevedo/Francisco Paczka.

FUENTE DE LA TEMPLANZA. *Assistant Arqs:* Francisco López/Luis Chacón. *Structural:* Ing. Humberto Pánuco. *Mechanical:* Instalaciones Raga, S. A. *General Contractor:* Promoción y Construcción, S. A.

CAMPOS ELISEOS. *Assistant Arqs.:* Adolfo Báez/Jorge Rubio/Vicente Mendoza/Jesús Sánchez. *Structural:* Diseños de Ingeniería Civil, S. A.

MASARYK. *Assistant Arqs.:* Jorge Rubio/Adolfo Báez/Vicente Mendoza. *Structural:* Ing. Humberto Pánuco. *Mechanical:* Anslo Ingenieros, S. A. *General Contractor:* Bufete de Construcciones y Proyectos, S. A.

NUEVO LEON. *Assistant Arqs.:* Adolfo Báez/Ernesto Romero/Jorge Rubio/Vicente Mendoza. *Structural:* Ing. Humberto Pánuco. *Mechanical:* Anslo Ingenieros, S. A.

LEIBNITZ. *Assistant Arqs.:* Francisco López/Luis Chacón. *Structural:* Ing. Humberto Pánuco. *Mechanical:* Instalaciones Raga, S. A. *General Contractor:* Promoción y Construcción, S. A.

CASA JOSE LUIS CUEVAS. *Assistant Arqs.:* Eduardo Schiavoni/Adolfo Báez/Ernesto Romero. *Structural:* Diseños de Ingeniería Civil, S. A. *Mechanical:* Anslo Ingenieros, S. A.

CASA ELIAS SACAL. *Assistant Arqs.:* Luis G. Rivadeneyra/Sergio-Rascón. *Structural:* Ing. Humberto Pánuco. *General Contractor:* Promocion y Construcción, S. A. *Sculptor:* Mathias Goeritz.

CASA ABRAHAM ZABLUDOVSKY. *Assistant Arq.:* Francisco López. *Structural:* Diseños de Ingeniería Civil, S. A. *Mechanical:* Instalaciones Raga, S. A. e Hidroelectra, S. A. *General Contractor:* Promoción y Construcción, S. A.

CASA TEODORO GONZALEZ DE LEON. *Assistant Arqs.:* Victor Márquez/Julio Jauregui. *Structural:* Diseños de Ingeniería Civil, S. A. *Mechanical:* Anslo Ingenieros, S. A. y Calefacción y Ventilación, S. A.

COCOYOC. *Assistant Arqs.:* Adolfo Báez/Ernesto Romero. *Structural:* Diseños de Ingeniería Civil, S. A. *Mechanical:* Cid Instalaciones, S. A. *General Contractor:* Constructura e Inmobiliaria Canek, S. A.

CASA JACOBO ZABLUDOVSKY. *Assistant Arqs.:* Francisco López/Salvador Mejía. *Structural:* Carlos Szapsik. *Mechanical:* Cid Instalaciones, S. A. e Hidroelectra, S. A. *General Contractor:* Promoción y Construcción, S. A.

TORRES DE MIXCOAC. *Assistant Arqs.:* Victor Márquez/Eduardo Schiavoni/Adolfo Báez/Julio Jauregui/Ernesto Romero/Armando Deffis. *Structural:* Colinas de Buen, S. A. y Diseños de Ingeniería Civil, S. A. *Mechanical:* Cid Instalaciones, S. A. *General Contractor:* GUTSA, GISSA, MAYO, IPHSA y ATOYAC. *Sculptors:* Mathias Goeritz y Jorge Dubon.

LA PATERA. *Assistant Arqs.:* Ernesto Romero/Adolfo Báez/Antonio Rodríguez. *Structural:* Diseños de Ingeniería Civil, S. A. *Mechanical:* Cid Instalaciones, S. A. *General Contractor:* GISSA y PROASA.

CHALCHIHUI. *Assistant Arqs.:* Francisco López/Bernardo Fleitman.

FUENTE DE LAS PIRAMIDES. *Assistant Arqs.:* Francisco López/Luis Chacón. *Structural:* Ing. Humberto Pánuco y Dirac, S. C. *Mechanical:* Anslo Ingenieros, S. A. e Instalaciones Raga, S. A. *General Contractor:* Promoción y Construcción, S. A.

AVENIDA DE LAS FUENTES. *Assistant Arqs.:* Francisco López/Luis Chacón/Guillermo Guzmán/Jesús Sánchez. *Structural:* Diseños de Ingeniería Civil, S. A. *Mechanical:* Anslo Ingenieros, S. A. y Garvel, S. A. *General Contractor:* Arq. Máximo Olivares. *Sculptor:* Mathias Goeritz.

MINISTRY OF PUBLIC WORKS. Assistant Arqs.: Adolfo Báez/Epigmenio Conti.

CONJUNTO MARVEL. *Assistant Arqs.:* Francisco López/Rodolfo García.

DELEGACION CUAUHTEMOC. *Assistant Arqs.:* Adolfo Báez/Jorge Zambrano/Carlos Rangel. *Interiors:* Oficina de Proyectos (D.D.F.) *Structural:* Dirac, S. C. *General Contractor:* Arocha Morton y Cía., S. A.

EMBAJADA DE MEXICO EN BRASILIA. *Assistant Arqs.:* Adolfo Báez/Carlos Rangel/Jorge Zambrano/ Epigmenio Conti. *Interiors:* Jack Winer y Manuel Villa- zón. *Structural:* Diseños de Ingeniería Civil, S. A. *Mechanical:* Cid Instalaciones, S. A. *General Contractor:* ICA Internacional.

EL COLEGIO DE MEXICO. *Assistant Arqs.:* Adolfo Báez/Ernesto Romero/Jorge Zambrano/Carlos Rangel. *Interiors:* Jack Winer y Manuel Villazón. *Structural:* Diseños de Ingeniería Civil, S. A. *Mechanical:* Cid Instala- ciones, S. A. y SIMSA. *General Contractor:* Desarrollo de Ingeniería, S. A. (DISA).

EL INFONAVIT. *Assistant Arqs.:* Adolfo Báez/Er- nesto Romero/Francisco López. *Interiors:* Jack Winer y Manuel Villazón. *Structural:* Dirac, S. C. *Mechanical:* Cid Instalaciones, S. A. y SIMSA. *General Contractor:* Constructora Ballesteros, S. A.

MUSEO DE ARTE CONTEMPORANEO INTER- NACIONAL RUFINO TAMAYO. *Assistant Arqs.:* Francisco López/Bernardo Fleitman.

Translated into Spanish by **Federico Angulo**

For Juliet

CONTENTS

PREFACE

In Mexico there exists a passionate involvement with architecture, a social concern, a love of art and an eagerness to rise to professional responsibility that is inspiring in its intensity. There, one is soon caught in this spirit.

When it was first suggested that I might write this book I had just visited The Colegio de México, designed by architects Teodoro González de León and Abraham Zabludovsky. While it was a brand new environment, there was a sense of culture and tradition as a constructive influence; the warmth, sun and color seemed conducive to architecture to the point of being almost idyllic. To be an architect in such a setting *must be a joy*. But, architects know better. As inspiration is universal, so, too, are the barriers to good building. Through presenting the work of these two leading architects, I hope some of their struggle, joy and accomplishment will emerge and that the reader will gain a sense of the Mexican context and the broad effort to help build a country to which many contribute.

I am indebted to many individuals in the preparation of this book. For sharing with me their insights into the Mexican culture special acknowledgment is made to poet Octavio Paz, painter Rufino Tamayo and sculptor Mathias Goeritz; to Professor Ignacio Márquez Rodiles and Professor Jorge Alberto Manrique and Director of the Museum of Modern Art, in Mexico City, Fernando Gamboa.

For inviting me to lecture and affording me a wonderful exposure to their ideas and efforts, I wish to thank the Mexican Society of Architects in Mexico City and Monterrey, and the faculty and students in the several schools of architecture in both cities.

Hay en México un apasionado interés por la arquitectura, que es al mismo tiempo preocupación social, amor a las artes, y deseo de elevar esa profesión a un nivel de reponsabilidad que constituya un aliciente para la inspiración. Este espíritu en seguida contagia al visitante.

Cuando me fue sugerida la posibilidad de escribir este libro, acababa yo de visitar El Colegio de México, diseñado por los arquitectos Teodoro González de León y Abraham Zabludovsky. En la total novedad del ambiente era notable sin embargo, como influencia constructiva, un claro sentido de la cultura y la tradición; la tibieza del clima, el sol, el colorido parecían contribuir además al carácter casi idílico de esa arquitectura. Trabajar como arquitecto en semejante escenario debería ser una gozosa tarea. Pero—y los arquitectos lo saben—si la inspiración es universal, también lo son las dificultades cuando se trata de crear un buen edificio. Al presentar la obra de dos arquitectos tan destacados como éstos, me anima la esperanza de que algo de su lucha, su alegría y sus logros trascienda de mi libro y dé al lector una idea del contexto mexicano y del vasto esfuerzo para construir un país en el que tantos cooperan.

Quiero expresar mi agradecimiento a todos aquellos que contribuyeron a la preparación de este libro transmitiéndome sus puntos de vista sobre la cultura mexicana, y especialmente al poeta Octavio Paz, al pintor Rufino Tamayo y al escultor Mathias Goeritz; al profesor Ignacio Martínez Rodiles, al profesor Jorge Alberto Manrique y al Director del Museo de Arte Moderno, de la ciudad de México, Fernando Gamboa.

Among the many architects who shared their thoughts with me on my visits to Mexico, I am especially indebted to Manuel Sánchez Santoveña, Manuel Sánchez de Carmona and Alberto González Pozo. For increasing my exposure to the new architecture of Mexico I am grateful to the magazines *Arquitectura/México* and *Modulo Cuatro*.

Finally, this book would have been unthinkable without the total commitment and boundless support of the two architects whose work it presents.

—PAUL HEYER

New York City
January 1978

También doy las gracias, por invitarme a dictar varias conferencias y darme a conocer sus ideas y esfuerzos, a las Sociedades de Arquitectos de México y de Monterrey, y a los profesores y estudiantes de las escuelas de arquitectura en ambas ciudades.

Entre los muchos arquitectos que intercambiaron ideas conmigo durante mis visitas a México, estoy especialmente agradecido con Manuel Sánchez Santoveña, Manuel Sánchez de Carmona y Alberto González Pozo. Lo mismo con las revistas "Arquitectura/México" y "Módulo Cuatro", que contribuyeron a aumentar mi información sobre la nueva arquitectura mexicana.

Por último, quiero expresar mi reconocimiento a los dos arquitectos cuya obra presento, ya que sin su ilimitado apoyo y su total dedicación no habría podido realizarse este libro.

—PAUL HEYER

Nueva York
Enero 1978

A civilization is above all an urbanism;
by this I mean that, rather than a vision of the world and of man,
a civilization is a vision of men in the world
and of men as a world:
an order, an architecture.

Una civilización es ante todo un urbanismo;
Quiero decir, mas que una visión del mundo y de los hombres,
una civilización es una visión de los hombres en el mundo
y de los hombres como un mundo:
un orden, una arquitectura.

—OCTAVIO PAZ

INTRODUCTION

Mexico City manifests all the conflicts indicative of contemporary urban cultures—the noise and pollution, the congestion and poverty on the street, the rush of automobiles. In short, the full gamut of economic and social problems besetting the world at large. Apart from the whiteness of the light and the stillness of the warmth, despite the touches of tropical vegetation, and overlooking the casual reminders of Aztec ornamentation, one could be in any number of metropolitan areas around the world.

Still, there is a difference. The Mexican scene is imbued with intensity, color, passion and death. These are strong presences that touch the emotions and demand recognition. They prevail as a culture in no small measure through the mysticism of the church and the enduring Indian preoccupation with death. This theme is well exemplified in such celebrations as the Day of the Dead each November 1. In this ancient, pre-Cortésian observance vigils are kept in the cemeteries to receive the souls of dead children and, the following night, the return of adult souls. Here, the idea of death as a presence brings an added sense of beginning, the deeper meaning of time and place. The Mexicans appear not so afraid of death; they seem to almost mock it, accepting it ironically to the point that it becomes a tragicomedy. For example, the Mexican artist José Guadalupe Posada made engravings where skeletons were represented performing daily human activities, a fascination that continues into many of the crafts of today. And with good reason, André Breton, the French poet and author of the Surrealist manifestos who lived in Mexico in the 1940's, referred to Mexico as the world's most surrealistic country because of such contradictions.

La ciudad de México manifiesta todos los conflictos propios de las culturas urbanas contemporáneas: el ruido y la contaminación, la congestión y la pobreza en las calles, la precipitación de los automóviles. En suma, la extensa gama de problemas económicos y sociales que acosan al mundo en general. Con excepción de la blancura de la luz y de la quietud de lo cálido, a pesar de los toques de vegetación tropical, y sin tomar en cuenta las señales fortuitas que recuerdan la ornamentación azteca, podríamos encontrarnos en cualquiera de las áreas metropolitanas del mundo.

Sin embargo, hay una diferencia. El paisaje mexicano está teñido de intensidad, color, pasión y muerte: fuertes presencias que emocionan y exigen reconocimiento. Estos rasgos prevalecen como cultura en gran medida debido al misticismo de la iglesia y a la constante preocupación de los indios por la muerte. Una buena ilustración de este motivo se encuentra en fiestas como la del Día de los Muertos, cada 1° de noviembre. Durante esta antigua observancia precortesiana se ponen velas en los cementerios para recibir a las almas de los niños muertos y, la noche siguiente, el regreso de las almas de los adultos. Aquí, la idea de la muerte como presencia incluye un sentido de comienzo, el significado profundo del tiempo y del lugar. Los mexicanos no parecen temer mucho a la muerte; incluso se diría que se burlan de ella, aceptándola con ironía hasta el punto de que se vuelva una tragicomedia. Por ejemplo, el artista mexicano José Guadalupe Posada realizó grabados que representan esqueletos desempeñando actividades humanas de todos los días; esta fascinación se conserva en muchas de las artesanías de hoy. Justificadamente André Breton, el poeta francés, autor de los manifiestos del surrealismo, que vivió en México por los años 40, hablaba de México como del país más surrealista del mundo a causa de esas contradicciones.

The Quadrangle of the Nuns, Uxmal, VI to VIII c.

The Mexican culture also embraces a sense of tragedy as a result of its centuries as an oppressed land. The Spanish conquest of Mexico during the sixteenth century brought to it a rich Western culture that became a powerful new force, yet the European influence was transformed into the Mexican way of life rather than overriding it. Ironically, though, the Spanish colonization of Mexico was at the edge of Spain's decline as a world influence and power. Unlike Mexico, North American culture, from the beginning, was strongly influenced by science; whereas, says the Mexican poet-philosopher Octavio Paz, "The quarrel between faith and reason was never as violent as in Spain and Latin America." For Europe the Reformation was the compromise between religion and reason. For Germany the period of Romantic Idealism with Immanuel Kant brought Enlightenment. Historically, the Latin cultures did not have such a period of development. The contradiction that Spain brought to the newly shaping Mexico was that of a culture based upon Medieval thought struggling with the humanistic philosophy and ideas of the Renaissance period. It was a tension without resolution. There was no Reformation. (Where painting of the nude, for example, was a central humanistic theme, the Venus of Velázquez is the only female nude in the Renaissance in Spain.)

These contradictions are likewise reflected in the politics of Mexico today. The government, while certainly liberalized in spirit and respecting the individual right to select and dissent, is more paternalistic than democratic in concept. The universities, closer in spirit to those of Spain and France—the "mother" countries of Mexico—have become political centers of thought as they search for a new ideology that might direct their emerging country to a new social awareness and a practical foundation for economic reform. The contrast is most evident with the United States and England, whose universities in general today struggle with concepts of apolitical abstraction rather than specific political reform.

La cultura mexicana abarca también un sentido trágico, resultado de siglos de opresión. La conquista española de México en el siglo XVI le aportó una rica cultura occidental que llegó a ser una nueva y poderosa fuerza, pero la influencia europea pasó a formar parte del estilo mexicano de vida en lugar de anularlo. Curiosamente, sin embargo, la colonización española de México sucedió en el umbral de la decadencia de España como país con gran influencia y poder en el mundo. Al contrario de la cultura mexicana, en la cultura norteamericana la ciencia influyó poderosamente; mientras que, como dice el poeta y filósofo mexicano Octavio Paz: "la querella entre la fe y la razón nunca fue tan violenta como en España y América Latina." Para Europa la Reforma fue el compromiso entre religión y razón. En Alemania el período del idealismo romántico con Emmanuel Kant trajo la Ilustración. Históricamente, las culturas latinas no tuvieron un período parecido de desarrollo. La contradicción que España trajo al México recién configurado era la de una cultura basada en el pensamiento medieval que luchaba con la filosofía humanista y las ideas del período renacentista. Era una tensión sin solución. No hubo Reforma. (Cuando la pintura al desnudo, por ejemplo, era un tema central del humanismo, el único desnudo que se produjo en el Renacimiento español fue la Venus de Velázquez.)

Asimismo estas contradicciones se reflejan en la política del México de hoy. El gobierno, aunque sin duda más liberal de espíritu y respetuoso del derecho individual para elegir y disentir, es más paternalista que democrático respecto a las ideas. Las universidades, más afines en espíritu con las de España y Francia—las "madres patrias" de México—se han convertido en centros de pensamiento político, buscando una nueva ideología que conduzca al país naciente hacia una nueva conciencia social y a la fundación de bases prácticas para la reforma política. El contraste es muy evidente con los Estados Unidos y con Inglaterra, cuyas universidades luchan en general con conceptos de abstracción apolítica más que con una nueva reforma política específica.

The Pyramid of the Sun, Teotihuacán, I B.C. to I c. A.D.

Our awareness of Mexico in the United States is too often formed only during quick vacations in atypical enclaves or from news bulletins of the social "problem" of poor people crossing the border in search of employment. In the main we are ignorant of the struggles and concerns of a country that has, paralleling its contradictions, a splendid cultural richness. Even though Mexico is comparatively weak by North American and European economic standards and somewhat ignored culturally by them, it is also a country full of the aspiration for fine architecture. This has always been so.

From the pre-Hispanic era over 20,000 points of construction have been identified with more being continually discovered. Subsequently, the Spanish conquest brought a great tradition and love of building with the contradiction of forms, Medieval in spirit, modified by Renaissance embellishment. The eighteenth century was really the great moment of beginning in every way for a new nation. There was much activity in town planning and also a great surge in the building of religious and civic structures, where the level of design accomplishment is quite extraordinary by any standards. Although the buildings are referred to as Baroque, it is not the structural and spatial Baroque of Borromini and Bernini in Italy of the mid–seventeenth century but a mixture of late Gothic and Renaissance form with Baroque ornamentation. The French influence in the nineteenth century has also left a strong mark, as indeed it has on world culture in general. Again, there are many consummate examples of this period in Mexico's architecture.

La idea que en los Estados Unidos tenemos de México la adquirimos muy a menudo durante unas breves vacaciones pasadas en regiones atípicas o mediante boletines de prensa que se refieren al "problema" social de los indigentes que cruzan la frontera en busca de empleo. En general ignoramos las luchas e inquietudes de un país que posee, al lado de contradicciones, una espléndida riqueza cultural. Aunque México, según los patrones económicos norteamericanos y europeos, es comparativamente débil, y aunque estos países no le prestan mucha atención en el campo de la cultura, es también un país lleno de aspiraciones hacia una arquitectura de calidad. Esto siempre ha sido así.

Se han identificado en la era prehispánica más de 20,000 puntos de construcción, y se siguen descubriendo otros. La conquista española trajo consigo, posteriormente, una gran tradición y amor por las construcciones al mismo tiempo que formas contradictorias, de espíritu medieval, modificadas por la ornamentación renacentista. El siglo XVII fue en realidad el momento del inicio, en todos sentidos, de una nueva nación. Había mucha actividad en urbanismo y también un gran movimiento en la construcción de estructuras religiosas y civiles, donde el nivel de acabado del diseño es realmente extraordinario desde cualquier punto de vista. Aunque se habla de estas construcciones en relación con el barroco, no se trata del barroco estructural y espacial de Borromini y de Bernini en Italia a mediados del siglo XVII, sino de una mezcla del gótico tardío y de la forma renacentista con ornamentación barroca. La influencia francesa durante el siglo XIX también dejó una honda huella, como en el mundo de la cultura en general. De nuevo encontramos muchos ejemplos consumados de este período en la arquitectura de México.

3

Early in the twentieth century Mexico entered a new period of social awareness that was to again add to the architectural richness, although with a different emphasis. The revolution that had begun in 1910 to depose a dictator and introduce agrarian reform was a period of turmoil that continued through various upheavals until 1924 when Mexico achieved a stable government. The "heroic" thrust of the Modern Movement in architecture that became the expression of this awareness was, especially in Mexico, strongly social in purpose. This, too, continues in the architecture of today.

With a current enrollment of 9,000 students in the School of Architecture at the National University and three other schools of architecture in Mexico City, there is certainly strong evidence that a great interest in building is a continuing tradition. However, although architecture is a respected and prestigious pursuit, those who are able to practice it as a serious profession are few. Again, the contradiction. Among the young generation, the inclination continues toward the aesthetic and colorful with, of course, strong emphasis on social meaning. The social promise of the Modern Movement in architecture, the promise of the new and better way of life for the many, is elemental. In Mexico, somewhat in contrast to the United States, social meaning, the ability of architects to confront the big issues of social reform, is a much more fundamental force than any consideration of pure function, or certainly discussions of comfort, or concerns with any formative, abstract philosophy.

In the United States the social consciousness drive of the sixties, paralleling the political unrest of the Vietnam involvement, has receded and a general permissive groping with the not-very-definable circumstance of modern life has superseded it. While we are looking at, admiring, and sometimes even finding design precedent in historic styles, Mexican architects are also beginning to find new interest in their own wonderful architectural history—although at the moment it is hard to see where this will lead, if I can be excused my skepticism about some inclinations in a few buildings toward modern "hacienda picturesque."

En el inicio del siglo XX México entró en un nuevo periodo de conciencia social que aumentaría la riqueza arquitectónica, aunque con un acento diferente. La revolución que se había iniciado en 1910 para destituir a un dictador y proponer la reforma agraria fue un período de agitación que continuó a lo largo de varios levantamientos hasta 1924 en que México logró un gobierno estable. El impulso "heroico" del Movimiento Moderno arquitectónico, que se convirtió en la expresión de esta conciencia tuvo, especialmente en México, finalidades profundamente sociales. También este rasgo sigue revelándose en la arquitectura de hoy.

Con una inscripción actual de 9,000 alumnos en la Escuela de Arquitectura de la Universidad Nacional Autónoma de México y con otras tres escuelas de arquitectura en la ciudad de México, es muy evidente que el gran interés por la construcción es producto de una tradición que se perpetúa. Sin embargo, aunque la arquitectura es una profesión respetada y de prestigio, son pocos los capaces de practicarla como una ocupación seria. Nuevamente aparece la contradicción. Entre la joven generación predomina la tendencia hacia lo estético y lo pintoresco, desde luego con un fuerte acento sobre el sentido social. La promesa social del Movimiento Moderno arquitectónico, es decir la promesa de un nuevo y mejor modo de vida para la mayoría, es fundamental. En México, en cierto modo, a diferencia de los Estados Unidos, el sentido social, o sea la habilidad de los arquitectos para hacer frente a los grandes problemas de la reforma social, constituye una fuerza mucho más básica que cualquier consideración de la pura función, o ciertamente que las discusiones sobre la comodidad o la preocupación ante cualquier filosofía formativa y abstracta.

En los Estados Unidos la conciencia social de los años 60, paralela al disturbio político por el conflicto de Vietnam, ha visto aminorada su expansión y una tolerancia generalizada en la manera de enfrentarse a las circunstancias poco definibles de la vida moderna ha tomado su lugar. Mientras nosotros miramos y admiramos los estilos históricos, y a veces incluso, hallamos en ellos precedentes de diseño, los arquitectos mexicanos empiezan a descubrir nuevos intereses en su propia y maravillosa historia arquitectónica, aunque por ahora es difícil ver a dónde llevará todo ello, si se me permite expresar mi escepticismo respecto a la preferencia que existe por la "hacienda pintoresca" moderna.

Common to world architecture today, the young generation of Mexican architects also sees divergent paths before them. Understandably, they do not especially wish to emulate the architecture of the United States. No single theme or approach dominates. In Mexico, as elsewhere, old values are disintegrating and the emerging middle classes have no new set of values to propose. Circumstances and attitudes have changed since the ferment of the early days of the Modern Movement, and the buildings and ideas of its three most influential "giants," LeCorbusier, Mies van der Rohe and Frank Lloyd Wright, are as shadowy as models to them as they are to us. So the result is today often one of eclectic forms, selecting from different avenues and, at worst, employing the type of flamboyant structural clichés that are in the poorest decorative taste.

Mexico's renowned University City, designed in 1947 and master planned by senior students at the National University (including González de León and Zabludovsky) under the direction of architects Mario Pani and Enrique del Moral, was at the end of a period that looked for inspiration to the International Style (a term coined in the United States, and the title of the book by Henry-Russell Hitchcock and Philip Johnson, to identify the new spirit of Europe's modern architecture of the twenties). Teachers at the influential National University spoke of Walter Gropius, a pioneer of the Modern Movement, Mies and LeCorbusier as the peers to emulate, and, like their counterparts in Europe and North America, tended to negate the past. University City also marked the beginning of a push for a more national style. For Mexico is in no way, nor wants to be, a culture of ideas whose origins are essentially European.

Afín a la arquitectura mundial de hoy, también la joven generación de arquitectos se enfrenta a caminos divergentes. Se comprende que no deseen imitar en especial la arquitectura de los Estados Unidos. No domina ningún tema o enfoque. En México, como en otras partes, los viejos valores están desintegrándose y las clases medias que surgen no tienen un nuevo sistema de valores que proponer. Las circunstancias y las actitudes han cambiado desde los primeros y agitados días del Movimiento Moderno, y las construcciones e ideas de tres de sus más poderosos "gigantes", Le Corbusier, Mies van der Rohe y Frank Lloyd Wright, son modelos tan vagos para ellos como para nosotros. De modo que el resultado consiste hoy, a menudo, en una serie de formas eclécticas que toman elementos de diferentes conductos y que, en el peor de los casos, emplean esa especie de clichés estructurales ostentosos, de pésimo gusto decorativo. La renombrada Ciudad Universitaria de México se diseñó en 1947. Algunos alumnos del último año de la carrera de arquitectura, entre los que se encontraban González de León y Zabludovsky, hicieron los planos maestros, bajo la dirección de los arquitectos Mario Pani y Enrique del Moral. La Universidad Nacional se construyó al final de un periodo en que se buscaba la inspiración en el Estilo Internacional (término acuñado en los Estados Unidos y título de un libro de Henry-Russell Hitchcock y Philip Johnson, creado para identificar el nuevo espíritu de la arquitectura moderna europea de los años 20). Los maestros de la poderosa Universidad Nacional hablaban de Walter Gropius, pionero del Movimiento Moderno, de Mies y Le Corbusier como de los modelos a quienes imitar y, al igual que sus colegas de Europa y de Norteamérica, tendían a negar el pasado. La Ciudad Universitaria marcó también el principio de un impulso hacia el logro de un estilo más nacional. Pues México no es, de ninguna manera, ni quiere serlo, una cultura de ideas cuyas raíces son en esencia europeas.

The Convent of Tepoztlán, XVI c.

The United States, though fundamentally European, is a hybrid culture of powerfully broadened, diverse accommodation. In Mexico these European influences are further filtered and embellished by the Indian and Latin influences and constant sunny climate. In such a context it can be readily understood why Mexican interpretations of the Renaissance buildings of France, Spain and Europe in general have a wonderful exuberance. Apart from the contradictions, the "models" were not exactly applied; rather, spirited variations were made to fill in gaps and make the "models" workable. Application was freely inventive. Still, the buildings remain essentially respectful of a tradition of style and mcthod of building. It is comparable to the knowledgeable person who savors and enjoys fine wine from a fine glass but is not too concerned that it be the "right" glass. Application gains its strength in interpretation. Consequently, the classical buildings of Mexico have a wonder and charm of their own with their strength and energy in this liberty. Their inventiveness stems also from their adaption to climate and existing materials, skills and traditions—the foundations of any pertinent, regional expression, an idea that intrigues most architects today.

Los Estados Unidos, aunque fundamentalmente europeos, son una cultura híbrida de adaptación diversa, poderosamente extendida. En México estas influencias de Europa se hallan además filtradas y adornadas por la influencia indígena y latina, así como por el clima constante asoleado. Dentro de ese contexto, es comprensible la exuberancia maravillosa que aparece en general en las versiones mexicanas de las construcciones renacentistas de Francia, España y otros países de Europa. Sin tomar en cuenta las contradicciones, los "modelos" no se aplicaban con exactitud; más bien se crearon variaciones vivaces para compensar deficiencias y para que los "modelos" fueran viables. La aplicación era libremente inventiva. Sin embargo, en las construcciones se siguen respetando la tradición estilística y el método de construcción. Como el conocedor que saborea y disfruta un vino excelente servido en un excelente vaso, pero a quien no le importa si se trata del vaso "adecuado". La aplicación cobra su fuerza en la interpretación. En consecuencia, las construcciones clásicas de México tienen un misterio y un encanto, así como una fuerza y energía que radican en esa libertad. Su capacidad inventiva surge de la adaptación al clima y a los materiales existentes, a las aptitudes y tradiciones base de toda manifestación regional oportuna, idea que intriga a muchos arquitectos hoy día.

The Metropolitan Cathedral of Mexico City, XVII and XVIII c.

Likewise, it is easy to see how traditional forms develop an adaptive interpretation. The courtyard becomes more important to move us emotionally than for us to move through, the presence of the form more important than the reality of the function. Today's Mexican architects look at the search for a modern architecture in essentially the same way. As with many modern buildings around the world, there are the banalities, frequently of an overbearing scale, that torture any sense of logic or reason. These, however, are closer to Miami Beach "World's Fairism" than to any simulation of Robert Venturi's Las Vegas-type imagery. But when the elements of architecture are brought together with sensibility and understanding, as spaces in the Mexican light, they seem to have a freshness and persuasion. Academic tiredness is cut away. Passion and spirit move in.

Asimismo es fácil ver cómo formas tradicionales se desarrollan mediante interpretaciones que son producto de la adaptación. El patio interior se hace más importante para conmovernos que para movernos dentro de él, la presencia de la forma importa más que la realidad de la función. Los arquitectos mexicanos de hoy contemplan la búsqueda de una arquitectura moderna esencialmente de la misma manera. Como sucede con muchas construcciones modernas del mundo, las hay banales, con frecuencia en una proporción insolente, que torturan todo sentido de la lógica o de la razón. Estas, sin embargo, se acercan más al "estilo Feria Mundial" de Miami Beach que a cualquier imitación de las fantasías al estilo de Las Vegas de Roberto Venturi. Pero cuando los elementos arquitectónicos se unen a la sensibilidad y a la comprensión, como espacios en la luz de México, parecen frescos y convincentes. Se logra eliminar la monotonía de lo académico; en su lugar se mueven la pasión y el espíritu.

Like all pre-industrial Western cultures, Mexico was, and remains, to an extent, a craft-oriented country. Architecture was not so much a style, as buildings deriving, often without architects, on a trial-and-error basis in response to materials used to answer social needs, in a form suitable to the sunny climate. The sixteenth century convents and the houses designed as a dialogue of interior spaces opening to landscaped atriums are classic examples of such effortless adaption. Individualism, aesthetic dogma, academic learning, debate over historic style, the appropriate application of building technology were not of strong concern to this unselfconscious craft world. But the influence of modern architecture was to move Mexico's architects to assess and, as architects worldwide are doing again today, to reassess the basic relationship between these facts in the search for a viable architecture.

The indication that Mexico's craft world was to be jolted and that the age of modern architecture was imminent was evident in the 1926 Institute of Hygiene and in the Sanitorium at Huipulco, in 1929, by José Villagrán García—who, incidentally, has also been Mexico's most revered teacher of thousands of architects at the National University. Its simple, monolithic and unadorned masses, while very appropriate aesthetically to Mexico's climate, were a move toward the spirit of the early buildings of the Modern Movement in Europe and Irving Gill's wonderful adaption of the new style to the romantic landscape of southern California in the first decade of this century. The similarity is clearly evident in the house at 7 Dublin Street, in 1935. The Institute of Hygiene also signaled the new wave of social service-oriented buildings that were a moment of realization for Mexico's post-revolutionary society. In Europe the spirit of the Modern Movement derived essentially from the potential of a new technology, and in Mexico the Modern Movement was a reflection of a social imperative. Through the next two decades José Villagrán García moved frequently to a strong, skeletal, structural expression as the aesthetic of his buildings. It is an idea that also remains vibrant today in Mexican architecture.

Como todas las culturas occidentales preindustriales, México fue y es aún, hasta cierto punto, un país orientado hacia el arte artesanal. La arquitectura no era tanto un estilo como una manera de producir construcciones, muchas veces prescindiendo de los arquitectos, sobre la base de prueba y error; todo ello como respuesta a los materiales usados para resolver las necesidades sociales, de acuerdo con el clima cálido. Son ejemplos clásicos de esa fácil adaptación los conventos del siglo XVI y las casas diseñadas para producir un diálogo de espacios interiores abiertos a atrios en el paisaje. Ni el individualismo, ni los dogmas estéticos, ni la instrucción académica, ni el debate sobre el estilo histórico, ni la aplicación apropiada de la tecnología de la construcción preocuparon sobremanera a este mundo artesanal que no tenía conciencia de sí mismo. Pero la influencia de la arquitectura moderna motivó a los arquitectos mexicanos a valorar y, al igual que todos los arquitectos del mundo actualmente, a revalorar la relación básica entre esos factores en la búsqueda de una arquitectura viable.

La construcción del Instituto de Higiene en 1926 y del Sanatorio de Huipulco en 1929, por José Villagrán García, mostró que el mundo artesanal mexicano iba a modificarse y que se hacía inminente la era de la arquitectura moderna. A propósito de Villagrán García, ha sido el maestro más respetado de miles de arquitectos en la Universidad Nacional. Sus sencillas masas monolíticas, estéticamente apropiadas al clima de México, constituyeron un acercamiento al espíritu de las primeras construcciones del Movimiento Moderno en Europa y a la magnífica adaptación, realizada por Irving Gill, del nuevo estilo al paisaje romántico del sur de California, durante la primera década de este siglo. La semejanza es evidente en la casa la calle de Dublín que data de 1935.

El Instituto de Higiene también marcó una nueva época caracterizada por edificios orientados hacia el servicio social, en una etapa próspera de la sociedad postrevolucionaria mexicana. Mientras que en Europa el espíritu del Movimiento derivó esencialmente del potencial de una nueva tecnología, el Movimiento Moderno en México fue el reflejo de un imperativo social. Durante las siguientes dos décadas, Villagrán García modificó sus conceptos para lograr una expresión estructural recia, esquelética, como la estética de sus construcciones. También hoy este concepto se mantiene vivo en la arquitectura mexicana.

Sanatorium in Huipulco, Mexico City, 1929. Arq. José Villagrán García.

Casa in 7 Dublin Street, 1935.
Arq. José Villagrán García.

Manuel Gea González Hospital, 1942. Arq. José Villagrán García.

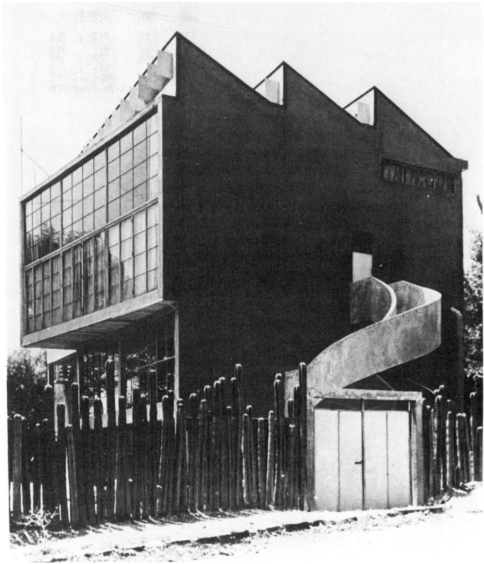

Casa Diego Rivera, 1929. Arq. Juan O'Gorman.

Escuela Tecnológica, Tresguerras Street, 1932. Arq. Juan O'Gorman.

The evolutionary search for a valid Mexican architectural expression is seen with the popularity of attitudes in one of the country's most creative architects, Juan O'Gorman. The house and studio of the painter Diego Rivera, built in 1929, is a stripped-down aesthetic totally in the creative, functionalist expression of the time in Europe. By 1932, in the Technological School in Tresguerras Street, O'Gorman had skillfully employed the skeletal industrial frame that earlier Peter Behrens in Berlin and subsequent Bauhaus-inspired architects in the twenties had seen as an important generator of a new industrialized approach to design in Europe.

La búsqueda evolutiva de una expresión arquitectónica válida en México se aprecia con actitudes opuestas en uno de los arquitectos más creativos del país: Juan O'Gorman. La casa y estudio del pinto Diego Rivera, construída en 1929, sigue una estética depurada que encaja del todo en las manifestaciones creativas y funcionalistas de Europa en aquel tiempo. Para 1932, en la Escuela Tecnológica, situada en la calle de Tresguerras, O'Gorman había empleado la estructura industrial de esqueleto, considerada como un generador importante de un nuevo enfoque industrializado del diseño en Europa, primero por Peter Behrens en Berlín, y posteriormente por los arquitectos que se inspiraron en el Bauhaus durante los años 20.

Casa Julio Castellanos, 1934. Arq. Juan O'Gorman.

In the house of painter Julio Castellanos of 1934 there is evidence of a move toward a more plastic expression, although essentially still within the imperative of a functional attitude and its resultant aesthetic. In 1950, however, in the Central Library of the National University (designed by O'Gorman in association with Gustavo Saavedra and Juan Martínez Velasco), instead of a structural expression it is only in the geometric volume of the blank building facade, the raised form and organization of the building's mass, that any strong affinity is seen to the International Style. The facade, atypically, is designed as a giant mural that seeks to be more expressively Mexican. In this instance, though, the design idea deals with the embellishment of the building's volume rather than with any new synthesis of the facts of technology and structure that might be the impetus toward a more viable and universal architectural expression. It is worth noting that the Central Library did reincorporate painting and sculpture into architecture, and this remains a most healthy Mexican tradition.

En la casa del pintor Julio Castellanos se nota un progreso hacia una manifestación más plástica, aunque todavía básicamente bajo el imperativo de una actitud funcional y de la estética resultante de ella. Sin embargo, en 1950, en la Biblioteca Central de la Universidad Nacional, diseñada por Juan O'Gorman, asociado con Gustavo Saavedra y con Juan Martínez Velasco, en lugar de una manifestación estructural, se aprecia que sólo el volumen geométrico de la fachada lisa del edificio, la forma erigida y la organización de la masa, revelan una poderosa afinidad con el Estilo Internacional. La fachada está diseñada atípicamente como un mural gigantesco que intenta mostrar una fuerte expresividad mexicana. En este ejemplo, sin embargo, el concepto del diseño se ocupa más de la ornamentación del volumen del edificio que de lograr una nueva síntesis de las realidades tecnológicas y estructurales, que pudieran ser el estímulo para encontrar una expresión arquitectónica más viable y universal. Es importante notar que la Biblioteca Central incorporó la pintura y la escultura a la arquitectura, cosa que sigue una sana tradición mexicana.

Biblioteca Central, Ciudad Universitaria, 1950. Arqs.
Juan O'Gorman, Gustavo Saavedra, Juan Martínez
Velasco.

In O'Gorman's own house built in 1958, the search for a regional aesthetic moved into a more freely plastic, Antoni Gaudi-like organic expression incorporating mostly Aztec-derived symbols in a mosaic of natural colored stones collected in Mexico. But whereas Gaudi's architecture was an idea of the imagination in the spirit of the Art Nouveau movement, O'Gorman's idea was to restore decoration—the tradition of art in architecture—and reestablish cultural roots for an architecture.

Such echoes of a craft tradition parallel those of the more regional expression that identifies architects like Bruce Goff in the Midwest United States. It is a California architectural tradition seen in the work of Bernard Maybeck and the Greene brothers, architects of the masterly Gamble House in Pasadena, and an idea which has been further expanded into the California indoor-outdoor skeletal theme of the present day.

En la propia casa de Juan O'Gorman, construída en 1958, la búsqueda de una estética regional se inclinó por una expresión plástica más libre y orgánica, a la manera de Antonio Gaudí, e incorporó principalmente derivados de la tradición azteca, en un mosaico de piedras de color natural, coleccionadas en México. Pero mientras que la arquitectura de Gaudí se basaba en un concepto imaginativo inspirado en el movimiento del Art Nouveau, el de O'Gorman consistía en restituir la decoración, según la tradición artística en arquitectura, y restablecer las raíces culturales para una arquitectura.

Esos ecos de una tradición artesanal son paralelos a los de una expresión más regional, con la que se identifican arquitectos como Bruce Goff en los estados centrales de los Estados Unidos. También se manifiesta una tradición arquitectónica californiana en la obra de Bernard Maybeck y en la de los hermanos Greene, arquitectos de la magistral Gamble House en Pasadena. Una idea que en California ha sido más tarde ampliada en los temas de estructura aparente y penetración interior-exterior.

Casa O'Gorman, 1958. Arq. Juan O'Gorman.

The search for a valid regional expression has always been strongest when the local material, method, technology and culture is brought into union with the universal elements of architecture that become a springboard for their local, vernacular personalization. This was the mastery of Frank Lloyd Wright, whom O'Gorman understandably recognized as the supreme architect of this century. It is interesting to note that in Wright's Taliesin West, O'Gorman expressly cites an influence of pre-Hispanic Mexico. The unfortunate aspect of the schism of attitude in O'Gorman was—again the contradiction—that he saw architecture in only two ways and these were absolutely disconnected: the engineered way, where the form derives from the technology of building and function as it serves people, and the plastic way, which was the influence upon him of the Mexican artist Diego Rivera. This led O'Gorman to abandon architecture for painting at the end of the fifties. Maybe the example of Frank Lloyd Wright's rich vision of the many design possibilities inherent in the field of architecture was lost to his love of painting.

Contrary to the example of O'Gorman, the architecture of Teodoro González de León and Abraham Zabludovsky has been one of maturity in linear evolution. Their work is a direct confrontation with the facts of architecture, toward conclusions that are increasingly sophisticated and more sensitized as design responses within the specificity of a building's context, both environmental and cultural.

La búsqueda de una expresión regional válida ha sido siempre más intensa cuando el material local, el método, la tecnología y la cultura se unen a los elementos universales de la arquitectura que pueden facilitar su personificación local y vernácula. En eso consistía la maestría de Frank Lloyd Wright, a quien O'Gorman naturalmente reconoce como el sumo arquitecto de este siglo. Es interesante señalar que en el Taliesin West de Wright, O'Gorman encuentra expresamente influencias del México prehispánico. El aspecto desafortunado de la doble actitud de O'Gorman (otra vez la contradicción) reside en que consideró la arquitectura sólo de dos maneras totalmente desconectadas entre sí: la que surge de la ingeniería y en la que la forma deriva de la tecnología de la construcción y de la función útil, y la manera plástica, resultado de la influencia que sobre él ejerció el artista mexicano Diego Rivera. Tal separación condujo a O'Gorman a abandonar la arquitectura para dedicarse a la pintura hacia fines de los años 50. Quizá el ejemplo de la rica visión de Frank Lloyd Wright, en relación con las múltiples posibilidades del diseño inherentes al campo de la arquitectura, se transformó para O'Gorman en amor a la pintura.

Contrariamente al ejemplo de O'Gorman, la arquitectura de Teodoro González de León y Abraham Zabludovsky ha constituído el ejemplo de una madurez que evoluciona en línea recta. Su trabajo es una confrontación directa con las realidades arquitectónicas, orientada hacia resultados cada vez más refinados y sensibles como respuestas del diseño dentro de la especificidad del contexto de la construcción, tanto ambiental como cultural.

Pedro Ramírez Vázquez, the architect for the Anthropological Museum and the Aztec Stadium and currently Minister for Human Settlements and Public Works in the José López Portillo government, identifies González de León and Zabludovsky as Mexico's new generation of architects. He sees their work as a search for solutions to Mexico's problems from a human and technical viewpoint. He describes their work as truly contemporary because it ignores none of the technical innovations of our time and because it utilizes the constructional systems and materials available to the maximum of their potential.

González de León, born in 1926, and Zabludovsky, in 1924, studied together in the school of architecture of the National University in the midforties. Here they found a natural affinity in discussing architecture and emergent social issues. They were, says Zabludovsky, "*inquietos*" (against mental quiet).

An interest in the world movement in architecture reflects in the fact that, in 1948, González de León arrived in Paris at rue de Sèvres 35 for the "biggest influence" on his life—working for two years in the atelier of LeCorbusier. "For two months I was in his house every day and saw him painting and writing. The ideas of LeCorbusier and the CIAM (Congrès International d'Architecture Moderne) group were most formative for me. In Mexico we don't have an intellectual vehicle like this; we are always thinking alone."

In the same period Zabludovsky was also strongly influenced by studying the works of LeCorbusier in books. Indicative of his passion for architecture is his story of "a terrible trip"—that took place on his honeymoon. Zabludovsky and his wife spent nine hours in the middle of winter at night on a train from Paris to Marseilles carrying soldiers to Algeria, on his way to study firsthand LeCorbusier's famous apartment building, Unité d'Habitation. His wife remains supportive in a way that only those who have experienced the singlemindedness of architects from intimate range can comprehend!

Pedro Ramírez Vázquez, arquitecto del Museo de Antropología y del Estadio Azteca, actualmente Ministro de Asentamientos Humanos y Obras Públicas en el gobierno de José López Portillo, identifica a González de León y a Zabludovsky como la nueva generación de arquitectos mexicanos. Considera la obra de éstos una busqueda de soluciones para los problemas de México según un punto de vista humano y técnico. Describe su obra como verdaderamente contemporánea "porque no ignora ninguna de las innovaciones técnicas de nuestro tiempo y porque utiliza los sistemas de construcción y los materiales disponibles conforme a su potencialidad máxima."

González de León nació en 1926, y Zabludovsky, en 1924; estudiaron juntos en la Escuela de Arquitectura de la Universidad Nacional, a mediados de los años 40. Allí descubrieron una afinidad natural cuando discutían sobre arquitectura y sobre los problemas sociales del momento. Eran, dice Zabludovsky, "inquietos" (en contraste con la quietud mental). El interés por el movimiento arquitectónico mundial se refleja en el hecho de que, en 1948, González de León se presentó en París, en la casa número 35 de la rue de Sèvres, para recibir la "mayor influencia" de su vida, al trabajar durante dos años en el estudio de Le Corbusier. "A lo largo de dos meses visité su casa todos los días y lo vi pintar y escribir. Las ideas de Le Corbusier y del grupo del CIAM (Congrès International d'Architecture Moderne) me resultaron altamente formativas. En México no tenemos un vehículo intelectual como éste; siempre pensamos solos".

En el mismo período, Zabludovsky también recibía la fuerte influencia de la obra de Le Corbusier, que estudiaba en libros. Reveladora de su pasión por la arquitectura es la historia que cuenta sobre "un terrible viaje" durante su luna de miel. Zabludovsky y su esposa pasaron nueve horas de noche en pleno invierno, en un tren que iba de París a la costa mediterránea y que llevaba soldados a Argelia, Zabludovsky iba para estudiar en Marsella el famoso edificio de apartamentos de Le Corbusier Unité d'Habitation. *Su esposa ha comprendido perfectamente la tenacidad obsesiva de los arquitectos que solamente quienes los conocen pueden apreciar.*

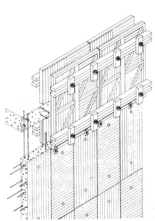

Perspective view of the mould.

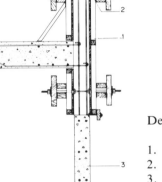

Detail in section of the same mould.

1. Stand.
2. Retaining.
3. Exposed concrete wall.

Apartment building, 1959. Arq. A. Zabludovsky.

In Mexico in the early 1950's, Zabludovsky designed numerous houses and apartment buildings in a thoughtful, forthright manner. They were well built and carefully detailed with respect to construction procedures. The apartment block in Mexico City of 1959 is typical of this early pattern, especially in building refinement; horizontal joints in concrete panels were widened up the vertical height of the building so that they might be equally visible from street level. Zabludovsky points to this period, when he also built and sold houses to support his family, as reinforcing his understanding of the building process as an avenue to design. He maintains that it also gave him a sense of the importance of economics related to the practice of architecture, a sense of investing the resources of the community in a manner that might most fruitfully transform the general social circumstances.

En México, a principios de los años 50, Zabludovsky diseñó varias casas y edificios de apartamentos en un estilo meditado y directo. Fueron bien construídos y cuidadosamente acabados en lo que se refiere a los procedimientos de la construcción. El bloque de apartamentos en la ciudad de México de 1959 es una realización típica de ese modelo temprano, especialmente en cuanto al refinamiento arquitectónico; el ancho de las juntas horizontales de los paneles de concreto se aumentó según la altura vertical del edificio para que parecieran iguales desde el nivel de la calle. Zabludovsky señala que esta época, en que también construyó y vendió casas para sostener a su familia, le sirvió para reforzar su comprensión del proceso de construcción como vía hacia el diseño. Afirma que también se dio cuenta de la importancia de la economía en relación con la práctica de la arquitectura y de que los recursos de la comunidad deben invertirse de la manera que permita transformar con más fruto las condiciones sociales en general.

Casa Catán, 1951. Arqs. T. González de León, Armando Franco.

González de León's first project back in Mexico after his experience in Paris was his first prefabricated house, Casa Catan (designed in association with Armando Franco) on which they worked solidly for two years, and with which, he says, "I learned to build." It is a neat and considered design that is a fresh and imaginative reordering of design concepts inspired by LeCorbusier, the adaption being in sympathy with the Mexican culture and climate. Thought is given to the problems of sun, light, and wind control and, as in Zabludovsky's work, to the method of building. "At this time," González de León says, "I thought architecture had to be prefabricated—we even wanted to make moving walls—I believed in all the ideas of functionalism that I learned from LeCorbusier. Later, I realized materials had to be used in a double way—materials that fit in the context, and materials that you can manipulate."

After González de León had been involved in several of the larger-scale planning projects typical of the "emerging" countries in the fifties—cast in the CIAM visual mode of orderly, compartmentalized areas with carefully designed and adjudicated open spaces—he and Zabludovsky first joined forces to work on master plans for Poza Rica and Minatitlán, two oil towns in Veracruz, Mexico. These were among some fifty master plans being prepared in this period under the administration of architect Guillermo Rosell and the coordinator of federal improvements of cities José López Portillo (who, in 1976, was to become Mexico's president). Having been friends in professional circles for years, González de León and Zabludovsky found collaboration a more effective way to confront the broad challenges and demands of this type of project.

El primer proyecto de González de León, al regresar de su estancia en París, consistió en su primera casa prefabricada: la Casa Catan (diseñada con Armando Franco) en la que él y su socio trabajaron firmemente durante dos años y mediante la cual, dice, "aprendí a construir". Se trata de un diseño limpio y meditado, una nueva organización fresca e imaginativa de conceptos de diseño inspirados por Le Corbusier, cuya adaptación armoniza con el clima y con la cultura de México. Se consideran problemas como el sol, la luz y el control del aire y, al igual que en la obra de Zabludovsky, el método de construcción. "En ese tiempo", dice González de León, "yo pensaba que la arquitectura debía ser prefabricada; queríamos incluso hacer paredes móviles; creía en todos los conceptos del funcionalismo que Le Corbusier me había enseñado. Después me di cuenta de que los materiales debían usarse de dos maneras: materiales que se apropian al contexto y materiales que se pueden manejar".

Después que González de León trabajó en varios de los proyectos de planeación a gran escala, típicos de los países "emergentes" de los años 50—amoldados al modo visual del CIAM: áreas ordenadas y compartimentadas, con espacios abiertos cuidadosamente diseñados y adjudicados—Zabludovsky y él reunieron por primera vez sus esfuerzos con el fin de trabajar en los planos maestros para Poza Rica y Minatitlán, dos ciudades petrolíferas en Veracruz, México. Aproximadamente 50 planos maestros se prepararon durante ese período bajo la administración del arquitecto Guillermo Rossell y del coordinador federal de mejoras en las ciudades José López Portillo, que desde 1976 es el presidente de México. González de León y Zabludovsky, que durante años habían sido amigos en la escuela y en los círculos profesionales, se dieron cuenta de que colaborar era una manera más efectiva de hacer frente a los vastos retos y requerimientos de esta clase de proyectos.

16

Master plan, Poza Rica, 1962. Arqs. T. González de León, A. Zabludovsky.

The effort to apply CIAM concepts of organized, balanced and planned communities, so influential everywhere in the fifties, was subsequently found to be a big loss of time, González de León feels: "The heroic principles of CIAM, the isolated buildings reflected in the concept of separate zoning, were a big mistake. In the sixties we developed new points of view. The relationship between architecture and urbanism is very close. In the fifties nobody thought that old and new could co-exist. In the sixties architecture came together within the existing cities." The "joint venture"-type collaboration for González de León and Zabludovsky that started with these projects continues successfully to this day.

Construction ideas and methods, and sequences of construction, have been elemental to their buildings. The separation of architect and builder that existed during the nineteenth century had not been historically so a point clearly articulated and subscribed to by Zabludovsky; the architect had been on the site working with the builder.

The fragmenting of the building process was somewhat implicit in the academic tradition established by the École des Beaux Arts in Paris. At the Bauhaus, in the 1920's in Germany, Gropius emphasized the need to restore the union of architect and builder. Any separation of architect from the process of building, or not taking advantage of such systems as a vehicle of expression, has always been an alien idea to González de León and Zabludovsky, as evidenced in several small-budget projects designed by them in the late 1960's.

El esfuerzo por aplicar, tomadas del CIAM, las ideas de comunidades organizadas, equilibradas y planeadas, que tanta influencia tuvieron por todas partes en los años 50, se reveló más tarde como una pérdida de tiempo. González de León opina que "los principios heroicos del CIAM, los edificios aislados, que resumían la idea de zonificación separada, fueron un gran error. En los años 60 desarrollamos nuevas perspectivas. La relación entre la arquitectura y el urbanismo es muy estrecha. En los años 50, nadie pensó que lo viejo y lo nuevo pudieran coexistir. En los 60, la arquitectura se unificó dentro de las ciudades actuales". La colaboración en forma de "empresa colectiva" entre González de León y Zabludovsky, iniciada con esos proyectos, continúa con éxito hasta ahora.

Las ideas y métodos de construcción, así como las secuencias de construcción, han tenido una importancia básica en sus edificios. La separación del arquitecto y el constructor que existió durante el siglo XIX no había ocurrido en otras épocas de la historia, punto claramente expresado por Zabludovsky; se encontraba que el arquitecto trabajaba en el terreno con el constructor. La fragmentación del proceso estaba hasta cierto punto implícita en la tradición de l'Ecole des Beaux Arts, de París. En el Bauhaus, durante los años 20, en Alemania, Gropius insistió en la necesidad de restituir la unión entre arquitecto y constructor. González de León y Zabludovsky han sido siempre ajenos (como lo demostraron en varios proyectos privados, diseñados hacia fines de los 60) a la idea de separar al arquitecto del proceso de la construcción, o de desaprovechar las ventajas de tales sistemas como vehículo de expresión.

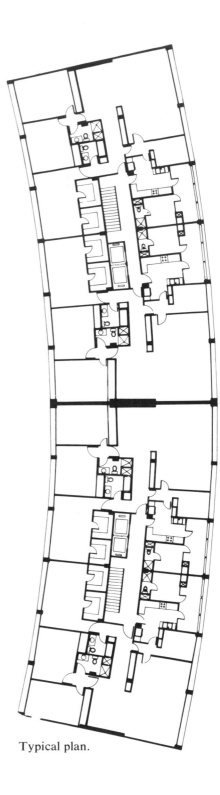

Typical plan.

Apartments, Fuente de la Templanza, 1971, Arqs. T. González de León, A. Zabludovsky.

Facade detail.

The Fuente de La Templanza is an exposed concrete structure with precast infill parapet walls, a combination they have employed many times. At the base of the building, as an entrance to the parking area, is the first use of white marble chips, instead of stones, as an aggregate in the concrete—an important idea in their later work. The project is actually two buildings for separate owners. The concept of one structure led to a more unified urban design and a considerable saving of construction costs.

El edificio de Fuente de la Templanza es una estructura aparente con pretiles de concreto; combinación que estos arquitectos han empleado muchas veces. En la base del edificio, como entrada al área de estacionamiento, usaron por primera vez pedacería de mármol blanco, en lugar de grava como agregado al concreto—idea importante que también han puesto en práctica en sus últimas obras. El proyecto consta en realidad de dos edificios para dos distintos propietarios. El concepto de estructura condujo a la creación de un diseño urbano más unificado, así como a un ahorro considerable en los costos de construcción.

Office building, Campos Elíseos, 1970. Arqs. T. González de León, A. Zabludovsky.

Office building, Mazarik, 1970. Arqs. T. González de León, A. Zabludovsky.

The Campos Elíseos is a building whose facade is a structural grid of precast elements. Polarized glass is permanently secured in a neoprene gasket with natural and individual ventilation to offices through airways built into the panels and visible at window soffits.

The Mazarik is an attempt at even greater economy, with a vertical aluminum facade system cladding the concrete structure while also housing ventilation ducts and screening air intakes. It is also an endeavor to create a more solid version of the curtain wall. Zabludovsky says: "The curtain wall is a more technically oriented solution and in Mexico consequently costs more. If you want to use the curtain wall then by its nature it should be perfectly made, which means technically skilled workers and a highly skilled technology. With concrete and brick you do not need this."

El de Campos Elíseos es un edificio cuya fachada la constituye una retícula estructural de elementos precolados. El cristal polarizado está sujeto con un empaque de neopreno. La ventilación natural, e individual, de las oficinas se hace a través de huecos practicados en los paneles y visibles en el cerramiento de las ventanas. El de Mazarik es un intento de mayor economía en los medios, con un sistema de fachada vertical de aluminio que recubre la estructura de concreto y a su vez aloja los ductos de ventilación y oculta las tomas de aire. Es también una tentativa de crear una variante más sólida del muro cortina. Zabludovsky dice: "El muro cortina es una solución más técnica y por lo tanto en México cuesta más. Si se quiere usar el muro cortina, por sus características, debe estar perfectamente hecho, lo que requiere trabajadores diestros y una alta tecnología experimentada. Con el concreto y el ladrillo no es necesaria tal cosa".

Office building, Nuevo León, 1969. Arqs. T. González de León, A. Zabludovsky.

In the Nuevo León Building the solid, vertical concrete elements are themselves structural, again housing individual ventilation for offices. To expose the marble chips used as aggregate in the concrete they tried sandblasting the vertical surfaces, with an unplanned and disastrous result. (To hear Zabludovsky recite the story of irate neighbors for a two-block area descending on the building, covered in a gray film of dust, is pure music hall comedy!) The building successfully turns the corner of the irregular site, leading the eye around visually as it attempts to hold the street line with its fragmented form.

En el edificio de Nuevo León los sólidos elementos verticales de concreto son estructurales, otra vez alojan la ventilación individual para las oficinas. Para mostrar la pedacería de mármol usada como agregado en el concreto, los arquitectos intentaron chorrear con arena a presión las superficies verticales, y el resultado fue inesperado y desastroso. (¡Oir a Zabludovsky contar cómo los vecinos iracundos de un área de dos cuadras se abalanzaron hacia el edificio cubiertos de una película de polvo gris, es como una pura comedia de music-hall!) El edificio dobla adecuadamente la esquina del terreno irregular, y conduce la mirada intentando apegarse con su forma fragmentada a la línea de la calle.

Rear facade detail.

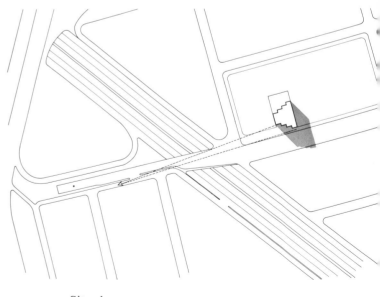

Site plan.

Office building, Leibnitz Street, 1972. Arqs. T. González de León. A. Zabludovsky.

Casa José Luis Cuevas, 1968. Arqs. T. González de León, A. Zabludovsky.

The Leibnitz Street Office Building is another use of the stepped form as a structurally organized response to an urban environment. Here, they have provided desirable views from the building's interior of Mexico's answer to the Champs Élysées, the Paseo de la Reforma, while also bringing a sense of urban logic in that their design connects facades within the existing street line.

All of these projects are notable as methodical and well-executed responses to exploring building processes. They were also variations on the idea of a building's skin as its structure, doubly important in this circumstance since all these buildings have their entire floor area devoid of columns.

Although González de León refers to the logic of architecture as the "logic of fitness," he explains that this is most difficult to define because "the logic is the combination of all things." Their houses start to point toward a richer logic as they have afforded them more design maneuverability. The house for painter José Luis Cuevas, designed in the middle 1960's as an exposed steel frame structure, has a second level studio above a living area that is arranged in a linear sequence on a narrow lot, in which rooms open to a variety of patios and courts which ensures natural sunlight in all the rooms, terminating in a rear garden. The design brings the landscape into harmony with interior spaces in an interesting manner, somewhat reminiscent of the early "Case Study Houses" of architects such as Richard Neutra, Raphael Soriano, Craig Ellwood and Pierre Koenig in southern California.

El edificio de oficinas de la calle de Leibnitz representa otro uso de la forma escalonada como respuesta estructuralmente organizada a un ambiente urbano. Aquí dispusieron que desde el interior del edificio se apreciasen vistas convenientes del Paseo de la Reforma, esa réplica mexicana de los Champs Elysées, *mientras daban un sentido lógico urbano mediante el diseño que relaciona las fachadas con el frente ya existente de la calle.*

Todos estos proyectos son notables por su respuesta metódica y bien ejecutada a la experimentación de los procesos de construcción. Eran también variaciones sobre la idea de una piel del edificio unida a la estructura, muy importante en este caso ya que el área interior de todos estos edificios está completamente libre de columnas.

Aunque González de León se refiere a la lógica de la arquitectura como la "lógica de la adecuación", explica que esto es lo más difícil de definir porque "la lógica es la combinación de todas las cosas". Sus casas empiezan a apuntar hacia una lógica más rica puesto que les permiten una mayor manejabilidad del diseño. La casa para el pintor José Luis Cuevas, construída a mediados de los 60, es una estructura de acero aparente, con un estudio en el segundo nivel sobre un área de habitaciones dispuesta en secuencia lineal en un terreno estrecho, donde los cuartos se abren a una variedad de patios que permiten la entrada de la luz solar a todos los cuartos, que limitan con un jardín posterior.

El diseño crea una armonía entre el exterior y los espacios interiores de modo interesante y recuerda, en cierto sentido, a los primeros "Case Study Houses" de Richard Neutra, Raphael Soriano, Craig Ellwood y Pierre Koenig, en California.

The Sacal House, designed by Zabludovsky in the same period, is essentially the culmination of explorations in the Miesian idiom. The garden facade is a well proportioned and immaculately conceived skin wall which suffices to demonstrate a sophisticated technical skill and control by any standard of world industrial technology. Yet in this facade there are setbacks in the plane of the glass skin, a balcony projection and angular cuts at the corners that are indicative of a more plastic desire to manipulate the skin. However, it is in the contrast between the taut, reflective garden facade and the solid, screening facade to the street that the move to create an architecture of a more flexible, environmental response is clear: shelter and protect from the busy street corner for visual and sound privacy, open to the east and the maximum garden area for sun and panoramic views of Mexico City.

The two-sided synthesis of solid as enclosing to void as transparent and visually penetrable—a theme that Ulrich Franzen handles so robustly and plastically in the Cornell University Agronomy Building in the United States—remains here a more planar and, although the volume is angled and plied like a crystal, still a flatter treatment of the exterior envelope. The solid remains essentially a concept in the manner of the curtain wall with the joints of panels reinforcing this expression of elements assembled and applied to the structure. But any more obvious Miesian feeling is broadened, or shifted away from, in many ways. The lines of structure are not as authoritarian in disciplining the overall form, the dipping into the sloping landscape rather than poising above or gently on it is different in spirit. The spaces are flexibly organized for a much more casual life-style, and interior spaces develop markedly different relationships with the site in an attempt to respond to the suggestion of function. However, this building remains close to the Miesian spirit in that it is essentially *bauen,* or built, of linear elements of structure, infilled with planes of precast concrete slabs and glass. Again, these houses were respectful of construction method, the idea that has remained constant from their first houses to the latest major public structures.

La Casa Sacal, diseñada por Zabludovsky durante el mismo período, culmina las búsquedas en el lenguaje de Mies. La fachada del jardín es una pared—piel, proporcionada e inmaculadamente concebida, que basta para revelar una habilidad refinada y el dominio, desde cualquier punto de vista, de una técnica a la altura de la mejor del mundo. Pero en esta fachada hay remetimientos en la superficie de la piel de vidrio; el vuelo del balcón y cortes angulares en las esquinas revelan el afán por manejar el recubrimiento de manera más plástica. Sin embargo, el contraste entre la fachada del jardín, tensa y ponderada, y la sólida fachada que aisla de la calle descubre el movimiento hacia la creación de una arquitectura que responde ante el ambiente de manera más flexible: refugio y protección de la bulliciosa esquina de la calle, con privacía visual y sonora; abierta hacia el oriente y con un área máxima de jardín para disfrutar del sol y de las vistas panorámicas de la ciudad de México.

La doble síntesis de lo sólido: como material que encierra al vacío y como material transparente y susceptible de ser penetrado visualmente—motivo arquitectónico que Ulrich Franzen maneja en forma vigorosa y plástica en el Cornell University Agronomy Building, *en los Estados Unidos—aparece aquí en forma más plana y, aunque el volumen es angular y flexible como un cristal, sin embargo el tratamiento de la pared exterior es mucho más adecuado. Lo sólido sigue siendo esencialmente un concepto a la manera de la pared cortina donde las juntas de los paneles refuerzan esta manifestación de elementos reunidos y que se aplican a la estructura. Sin embargo, hay una ampliación o transformación de algunas de las aplicaciones más evidentes en la arquitectura de Mies, bajo muchas formas. Las líneas de la estructura ya no son tan autoritarias en la manera de disciplinar la forma total; el sumirse en el paisaje en declive, más bien que posarse suavemente sobre él o por encima de él, manifiesta un espíritu diferente. Los espacios se organizan con flexibilidad a favor de un estilo de vida mucho más informal, y los espacios interiores desarrollan marcadamente diferentes relaciones con el lugar, en un intento por responder a lo que la función sugiere. Sin embargo, el espíritu que anima este edificio sigue muy de cerca al de Mies, en la medida en que se encuentra esencialmente* bauen *o construído con elementos lineales de estructura, rellenos con losas de concreto precolado y vidrio.*

En la construcción de estas casas se respetó una vez más el método de construcción, concepto que los arquitectos han sostenido desde la creación de sus primeras casas hasta la de las últimas estructuras públicas más importantes.

Casa Elías Sacal, 1966. Arq. A. Zabludovsky.

Detail.

Periods end and others begin. The Sacal House marks an end—"I did not think in terms of the curtain wall anymore," says Zabludovsky—so the houses that González de León and Zabludovsky designed for themselves in the late 1960's open a new avenue.

"The curtain wall was a soft skin and I like architecture of a hard skin," says González de León. Where the quality of light is poorer, for example, in New York City or London, the curtain wall can seem more suitable as a means of bringing the maximum of natural light to the interior space. But in Mexico it is hard not to question the validity of the curtain wall as the technological "model" of more industrialized and wealthier economies. How do you protect against the glare and sun? How do you employ a large, craft-oriented labor force? How do you solve the problems of maintenance that are critical in Mexico?

Períodos terminan y otros comienzan. La Casa Sacal marca un término: "Ya no pensaba en términos del muro cortina", dice Zabludovsky; de esta manera, las casas que él y González de León diseñaron para sí mismos, hacia fines de los 60, abren un nuevo camino.

"El muro cortina era una piel suave y a mí me gusta la arquitectura de piel dura", dice González de León. Donde la calidad de la luz es más pobre, por ejemplo, en la ciudad de Nueva York o en Londres, el muro cortina puede parecer un medio más apropiado para atraer el máximo de luz natural hacia el espacio interior. Pero en México es difícil dejar de cuestionar la validez del muro cortina, puesto que es un "modelo" tecnológico de economías más industrializadas y prósperas. ¿Cómo lograr la protección contra el resplandor y el sol? ¿Cómo emplear una gran fuerza de trabajo orientada a lo artesanal? ¿Cómo resolver los problemas de mantenimiento, tan críticos en México?

They wanted to find a material they could manage and transform, one with durability, economy, speed and facility. One related to the background and potential of Mexico. "We wanted a material we could manipulate," they said, and, with amused smiles, "then we needed an expression to fit the manipulation!"

The formwork against which exposed concrete surfaces are poured has to be well constructed because, like a watercolor, the wall is a finished surface and once the formwork is removed, the finished product cannot be reworked very effectively or blemishes retouched; the surface is accepted rather than worked with. Paul Rudolph, in the Yale School of Architecture Building in the 1960's, poured his concrete against rough, ribbed formwork and then hammered the exposed concrete rib top surfaces with jackhammers to create a contrasting rough/smooth finished texture. But with high labor costs this was not really a practical method for building technology in the United States.

However, in Mexico, with its large, inexpensive labor force, González de León and Zabludovsky found that adding locally available scrap marble chips and a pinkish sand to the concrete mix and then hammering and chiseling the concrete surface by hand was an excellent way of bringing a rich texture and subtle color to the surface of the concrete. The special light pink sand rather than usual gray— "It makes the concrete very sad," says Zabludovsky—gives the concrete a subtle warm hue. Whereas the earlier mechanical sandblasting of concrete surfaces on the Nuevo León Office Building had, in essence, smooth-polished the surface of concrete and marble chips so that their exposure is slight, the chiseling of the surface pitted and roughened the concrete and fractured the marble chips into crystallike configurations with a resultant irregularity of surface, reflecting light with a subtle, shimmering, vibrating quality. This is a cheap system in Mexico, points out González de León, "so it's logical to use it now. If it ever becomes expensive we would just change materials." (Incidentally, a workman finishes some two square meters of wall surface on an average day.)

Querían encontrar un material que pudieran manejar y transformar; durable, económico, rápido y fácil, vinculado con el medio y el ambiente, así como con el potencial de México. "Queríamos un material que pudiéramos manipular", dijeron, y luego, sonriendo divertidos: "¡Por lo tanto necesitábamos una expresión adecuada a esta manipulación!"

El encofrado donde se vacían las superficies de concreto aparentes tiene que estar bien construído porque la pared es una superficie acabada, como una acuarela, y cuando se remueve el encofrado, no se puede volver a trabajar de manera efectiva el producto ya acabado, ni se debe manchar con retoques; la superficie, más que trabajada, es aceptada. En el edificio de la Yale School of Architecture, que data de 1960, Paul Rudolph vació el concreto en un encofrado rugoso y nervado, y luego martilleó las superficies nervadas de concreto aparentes con cinceles con el fin de crear una textura acabada con un contraste de rugoso y terso. Pero con los altos costos de mano de obra en los Estados Unidos, éste no era realmente el método práctico para nuestra tecnología de la construcción. Sin embargo, en México, con su vasta y barata mano de obra, González de León y Zabludovsky se dieron cuenta de que una excelente manera de lograr una rica textura y un color sutil sobre la superficie de concreto consistía en añadir localmente a la mezcla de concreto pedacería disponible de mármol con una arena de color rosado muy tenue, y después martillar y cincelar a mano la superficie de concreto. La arena especial de color rosado le da al concreto una sutil calidez, al contrario de la arena gris ordinaria que "le da al concreto un aspecto muy triste", dice Zabludovsky. Mientras que la anterior aplicación mecánica del chorro de arena a presión en las superficies de concreto del edificio de oficinas de Nuevo León confería, en esencia, un aspecto plano y pulido a la superficie de concreto y a la pedacería de mármol, de tal manera que producía una apariencia suave, el cincelado de la superficie hizo que el concreto se viera tosco y horadado y fracturó la pedacería de mármol produciendo configuraciones como de cristal; la irregularidad de la superficie resultante logra un reflejo de luz con calidades tenues y brillantes. Este sistema es poco costoso en México, observa González de León, "por lo tanto es lógico que se use ahora. Si acaso llegara a ser caro, cambiaríamos de materiales". (Dicho sea de paso, un trabajador termina alrededor de 2 metros cuadrados de superficie de pared en un promedio de un día).

Casa Abraham Zabludovsky, 1969. Arq. A. Zabludovsky.

Detail.

González de León and Zabludovsky worked together on the development of this method, the idea lingering in their thoughts after the interesting landscape garage entrance wall of the Fuente de La Templanza. Although they continually exchanged opinions during the design of their respective houses, the application of the material in a form sense was basically independent. These two houses indicate a new chapter in their work since they "opened the door" to the later buildings. The houses, however, are based upon quite different spatial concepts. The Zabludovsky House, approached down a concrete slope beneath which is placed a swimming pool, has its entrance, servant, service and car space on an upper level, with the main living spaces on the lower level. The design intent was to keep all the major living spaces basically on one level. The house is constructed on a precipitous slope, with a narrow road frontage that opens fanlike to terminate in a ravine. It is sunk into the hill and, from certain vantage points, appears to hover as a brooding, dramatically interlocking form high above the ravine. Interior spaces are in a variable yet articulated flowing sequence that reveals itself to the viewer in a series of stimulating surprises. Outdoor spaces become serene, small terrace and platformed grassed areas.

González de León y Zabludovsky trabajaron juntos en el desarrollo de este método; la idea ya rondaba por sus mentes después del interesante exterior logrado en el muro de entrada al garage de Fuente de la Templanza. Aunque intercambiaron opiniones continuamente, durante el diseño de sus respectivas casas, la aplicación del material en cuanto forma era básicamente independiente. Estas dos casas marcan un nuevo capítulo en su obra ya que "abrieron la puerta" a los edificios subsiguientes. Las casas, no obstante, se basan en conceptos de espacio bastante diferentes. La casa de Zabludovsky a la que se llega bajando por una rampa de concreto, bajo la cual se encuentra una piscina, tiene su entrada y el espacio para el servicio y el garage en un nivel superior, las habitaciones principales se hallan en el nivel inferior. El diseño intentaba reunir los espacios habitables básicamente en un nivel. Puesto que la casa está construída sobre un declive escarpado, con un camino estrecho al frente que se abre en forma de abanico y termina en una barranca, está pues hundida en parte en el cerro, pero, desde ciertos puntos privilegiados, parece que flota como una forma dramáticamente entrelazada y meditativa por encima del barranco. Los espacios interiores se hallan dispuestos en una secuencia variable, aunque fluida y articulada, que se revela a quien la mira como una serie de sorpresas estimulantes. Los espacios externos son serenos, una pequeña terraza y áreas con césped dispuestas en forma de plataformas.

Casa Teodoro González de León, 1969.
Arq. T. González de León.

In comparison with the manipulative interlocking of the Zabludovsky house, the González de León House is a quietly formalized statement in a more classical vein. The house has its simply organized living spaces beneath a roof that touches the side walls, thereby defining the building site with a servant area above. Both facades of the house are similar—the front one opening on to a narrow court that is approached down a beautifully quiet entrance way, the rear one opening on to a garden that is now also the setting for a small pavilion studio of fine proportion in which González de León (reminiscent of the LeCorbusier tradition) paints meticulously executed, geometric-type canvases. Four hollowed-out columnlike elements, two visible on each of the facades, are structural and demarcate general living spaces from the more private bedrooms while also acting as skylights penetrating the roof at the corners of these rooms.

Two houses of the early seventies indicate aspects of their exploring other form ideas. In the Cocoyoc House by González de León, the heavily modeled garden facade, while also an indication of things to come, is clearly more involved with site relationships and sun and glare control than any obvious expression of structure. The employment of the forty-five-degree angle as an organizing geometric idea is an attraction familiar to many architects of recent years, especially in the Eastern United States.

En comparación con el manejo, en la casa de Zabludovsky de la forma que manipula los entrelazamientos, la de González de León es una manifestación serenamente formalizada según una veta más clásica. La casa tiene sus habitaciones organizadas de manera sencilla bajo un techo que termina en las paredes laterales, mediante el cual se determina el emplazamiento del edificio, que cuenta en la parte de arriba con un área para la servidumbre. Las dos fachadas de la casa son parecidas—la frontal se abre hacia un patio estrecho al que se accede por un camino de entrada maravillosamente tranquilo, la fachada de la parte trasera se abre hacia el jardín que ahora es también el marco de un pequeño pabellón que aloja un estudio de finas proporciones donde González de León (evocador de la tradición de Le Corbusier) pinta cuidadosamente lienzos de estilo geométrico. Cuatro elementos huecos estructurales en forma de columnas, dos de ellos visibles en cada una de las fachadas, separan las habitaciones generales, de las áreas, más privadas, de las recámaras; al mismo tiempo estos elementos actúan como tragaluces que penetran por las esquinas del techo de estos cuartos.

Dos casas de principios de los 70 indican aspectos de la experimentación de otras ideas formales. En la Casa de Cocoyoc, construída por González de León, la fachada laboriosamente modelada del jardín, aunque anuncia elementos futuros, tiene que ver más directamente con las relaciones de emplazamiento, sol, y control del resplandor que con cualquier expresión clara de la estructura. El empleo del ángulo de 45° como concepto de organización geométrica constituye un atractivo que comparten muchos arquitectos en los años recientes, especialmente en Nueva York.

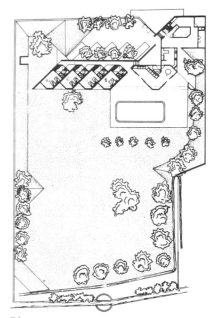

Casa Cocoyoc, 1973. Arq. T. González de León.   Plan.

Casa Jacobo Zabludovsky, 1973. Arq. A. Zabludovsky.

The Santiago Tianguistenco House, designed by Zabludovsky for his brother Jacobo Zabludovsky, the well-known TV newcaster, like his own home, is a loose organization of spaces where structure, although evident, is secondary to a flow of space, scooping light from raking skylights to the interior, and opening to views of the natural and carefully schemed landscape.

La casa de Santiago Tianguistenco, diseñada por Zabludovsky para su hermano Jacobo Zabludovsky, conocido comentarista de televisión, es, como su propia casa, una organización flexible de espacios donde la estructura, aunque evidente, es secundaria ante un espacio fluido donde la luz entra por tragaluces que miran hacia el interior y que se abren hacia vistas del paisaje natural cuidadosamente tramado.

29

The individual house remains a constant challenge to an architect's skills, but when confronted with the demands of larger, more complex projects, the architect is immediately forced to consider personal capacity and capability in response to a multitude of demands.

Walter Gropius's advocation of teamwork was his concept of making a profession equal and responsible to the scope of new and broadening demands. Firms like Skidmore, Owings and Merrill in the United States and Yorke Rosenberg Mardall in England are organized as quality, professional and complementary teamlike responses to this fact. When they really focus on problems they have the high intent of creating quality architecture and not "hacking out" jobs.

On the other hand, Paul Rudolph, severing a partnership with R. S. Twitchell in 1952, stated, "Let's face it, architects were never meant to design together. . . . Architecture is a personal effort, and the fewer people coming between you and your work the better. . . . If an architect cares enough and practices architecture as an art, then he must initiate design—he must create rather than make judgments."

González de León and Zabludovsky have, however, succeeded in establishing a solid relationship based on mutual respect for the professional opinion of the other and, at the same time, personal freedom. Coming together through choice, not necessity, they do not have separate roles focusing on design, business, production or office management functions as in many collaborations or partnerships: their relationship is one of complementary design professionals. Each is the total, individual architect in every sense. Both in concept and reality they act alone or interchangeably: "Teodoro is better with some clients; me with others. We have no rules and simply follow our best judgment in setting up jobs." Maybe their collaboration survives because of gentle safety valves. They maintain totally autonomous and separate offices, although in the same building and next to each other. Yet to cross the building lobby from one space to the other gives them enough sense of personal separation that in day-

La casa individual sigue constituyendo un reto a las capacidades de un arquitecto, pero cuando éste se enfrenta a mayores demandas y a proyectos más complejos se ve forzado inmediatamente a considerar su capacidad personal y sus aptitudes como respuesta a una multitud de preguntas.

Walter Gropius defendía el trabajo en equipo porque pensaba que la colaboración es una manera de equilibrar una profesión y de responsabilizarla ante campos de nuevas demandas, cada vez más amplias. Compañías como Skidmore, Owings and Merril en los Estados Unidos y Yorke Rosenberg Mardall en Inglaterra se organizaban para responder en equipo con calidad y profesionalismo, de manera complementaria, a esta realidad. Al concentrarse realmente en los problemas, tienen la alta intención de hacer una arquitectura de calidad y no trabajos rutinarios y mediocres.

Por otra parte, Paul Rudolph, al romper su sociedad con R. S. Twitchell en 1952, manifestó: "No nos engañemos, los arquitectos nunca estuvieron destinados a diseñar juntos. La arquitectura es producto de un esfuerzo personal y mientras menos gente haya entre la persona y su trabajo, mejor. Si al arquitecto le importa la arquitectura y la practica como un arte, debe entonces empezar a diseñar— más bien debe crear y no juzgar".

González de León y Zabludovsky lograron, sin embargo, establecer una relación sólida basada en el respeto mutuo a sus opiniones profesionales y, al mismo tiempo, a su libertad personal. Asociados por elección, y no por necesidad, no se asignan separadamente las funciones del diseño, los negocios, la producción o el manejo de la oficina, como ocurre en muchas sociedades; su relación es la de profesionales del diseño que se complementan. Cada uno es, en todos sentidos, el arquitecto individual completo. Tanto en lo conceptual como en lo concreto actúan solos o en intercambio: "Teodoro es mejor con algunos clientes; yo con otros. No tenemos reglas y simplemente seguimos nuestro mejor criterio para aceptar los trabajos". Tal vez su colaboración sobrevive gracias a la existencia de suaves válvulas de seguridad. Mantienen oficinas totalmente autónomas y separadas, aunque en el mismo edificio y con cercanía entre ambos. Tan sólo cruzar el lobby del edificio entre un espacio y otro les da el suficiente sentido de la distancia personal que les permite no sentirse responsables de problemas que no sean los suyos propios y que surgen diariamente. Su colaboración en un nuevo

to-day matters they never feel accountable to one another. Their collaboration on a new commission begins with walking across the lobby and inviting discussion on the first formulative thoughts. Possibly another reason their relationship is so strong is that, while they are both quite urbane, gracious, and totally dedicated to the idea of architecture, they have different but reinforcing personalities. González de León is measured, quiet and penetrating. One senses the time with LeCorbusier left an indelible impression. "He works into the evening hours, patiently and methodically picking away at a design problem," explains Zabludovsky, who in contrast is more compulsive and enthusiastically exuberant. His way to design is more to think-on-the-move. His mind is always open, looking and sifting new stimuli. Nothing seems to excite him as much as an intelligent thought or criticism which he responds to with a low-key, animated intensity.

Zabludovsky is respectful of González de León's mathematical manipulation of studies that have grown out of his personal experience with LeCorbusier's famous *Modulor* (translated into English and published by the M.I.T. Press in 1954) as a system of proportion—a personal research that is impressive, to say the least, in its meticulous thoroughness. "He loves it when a design bears out his mathematics," says Zabludovsky with a playful mixture of appreciation and amusement. "For me, if it looks right. . . ." In their later works the collaboration appears fruitful, again in that the module as a related system of proportion and a design base is less obvious while their buildings retain a strong sense of organization. But really it seems that the inevitability of architecture, like politics, is always moving toward middle ground.

The sensibility at an urban level of González de León and Zabludovsky is evident in their various efforts to design quality multiple housing, which remains one of the most exacting tests upon an architect. The Torres de Mixcoac is a 2,056-apartment development built in 1968 for middle and low cost apartments, each with its own parking spaces, with great emphasis on a budget scheme. The configuration of four apartments per floor in a tower development was their reponse to the need for a compact,

encargo empieza en el momento de cruzar el lobby *y propiciar la discusión sobre las primeras ideas que hay que formular. Quizá otra razón que explica la cercanía de su relación radica en que, aunque ambos son perfectamente corteses, afables, y están consagrados del todo al concepto de la arquitectura, ambos tienen personalidades diferentes pero que se refuerzan entre sí. González de León es mesurado, tranquilo y penetrante. Se percibe que el tiempo que pasó con Le Corbusier ha dejado en él una huella indeleble. "Trabaja en las noches, paciente y metódicamente en un problema de diseño", explica Zabludovsky, quien al contrario de González de León, es más impulsivo y lleno de entusiasmo exuberante. Su manera de diseñar es más bien un proceso dinámico. Su mente siempre está abierta para mirar y seleccionar nuevos estímulos. Nada lo motiva tanto como una idea inteligente o crítica a la que responde con una intensidad tan animada como moderada.*

Zabludovsky respeta el manejo matemático que González de León hace de los estudios producto de su experiencia personal con el famoso Modulor *de Le Corbusier (traducido al español y publicado por Poseidón en Bs. Aires) que propone un sistema de proporción—una busqueda personal impresionante, para no decir más, por su escrupulosa acuciosidad. "Le gusta que un diseño confirme sus matemáticas", dice Zabludovsky con una mezcla juguetona de aprecio y diversión. "Para mí, basta si está correcto". En las últimas obras de ambos la colaboración se revela fructífera, nuevamente porque el módulo como sistema conexo de proporción y base del diseño es menos evidente aunque sus edificios conserven un poderoso sentido de la organización. Pero en realidad parece que la inevitabilidad de la arquitectura, como la política, siempre se está moviendo hacia el término medio.*

La sensibilidad de González de León y de Zabludovsky en el nivel urbano se muestra de manera evidente en sus esfuerzos numerosos por diseñar viviendas multifamiliares de calidad, cosa que sigue siendo una de las pruebas más exigentes para el arquitecto. Las Torres de Mixcoac es un desarrollo construído en 1968, de 2,065 apartamentos de costo medio y bajo, cada uno con espacios propios para estacionamiento, realizado con un presupuesto rígido. La configuración de 4 departamentos por piso en blocks de edificios era su respuesta a la necesidad de un plan económico y compacto. En compa-

Apartments, Torres de Mixcoac, 1967. Arqs. T.
González de León, A. Zabludovsky.

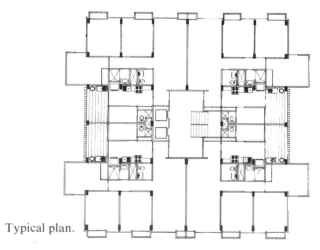

Typical plan.

Apartments, La Patera, 1969. Arqs. T. González de León, A. Zabludovsky.

economic plan. In comparison with the linear "street-in-the-sky" concept, the architects preferred this apartment distribution for its "greater sense of community and sense of property for each owner." In the apartments, with a minimum of interior corridor space, the walls were carefully dimensioned to avoid cutting any clay blocks, and materials and construction method generally had to be selected for their cost factor. Likewise, only four sizes of window were used throughout the job and plumbing was also grouped for economy. Given the extremely tough restrictions of such commissions, this is responsibly comparable with much of the modest new-town social architecture schemes of England and Scandinavia.

In La Patera, a complex of 1,760 apartments started in the following year, the construction characteristics are again similar; but here the buildings, two to five stories in height, are interconnected, resulting in a more cohesive, urban solution. The planar quality of facades, opening from the streets to inner courts that the buildings themselves define, also reinforces this characteristic.

ración con el concepto lineal llamado "calle en el cielo", los arquitectos prefirieron esta distribución de apartamentos por su "mayor sentido de comunidad y de propiedad de cada propietario". En los apartamentos, que tiene un mínimo espacio interior de corredor, las dimensiones de las paredes fueron cuidadosamente proporcionadas para evitar el corte de los tabiques, los materiales y métodos de construcción se tuvieron que seleccionar generalmente considerando el factor de su costo. Asimismo, sólo se usaron ventanas de cuatro tamaños y las instalaciones sanitarias también se agruparon por razones económicas. Dadas las restricciones extremadamente desfavorables que este tipo de encargos implica, la situación es comparable con muchos de los modestos esquemas arquitectónicos sociales para nuevas ciudades de Inglaterra y de los Países Escandinavos.

En la Patera, complejo de 1,760 apartamentos que se empezó a construir al año siguiente, las características de construcción son de nuevo similares; pero en ese caso los edificios, con una altura de dos a cinco pisos, se encuentran interconectados, y resulta de ello una solución más urbana y cohesiva. Los paramentos de las fachadas, que se abren desde la calle hasta los patios interiores delimitados por los edificios mismos, refuerza asimismo esta característica.

Apartments, Chalchihui, 1975. Arqs. T. González de León, A. Zabludovsky.

The Chalchihui project, designed in the early 1970's and comprising five buildings to be interconnected in a three-part/two-part combination, in following its line will serve to demarcate the street side of a steeply sloping site. Entered in the middle, across the roof garden of a two-story garage, it will also create a gardenlike openness to what is a very narrow street. The vistas at street level will be right through the project to the sky beyond. The design is for two apartments per floor in each of the parts with all major rooms looking out over the slope to the view. The architectural quality of this project lies in the rich interconnecting of the reinforced concrete structure and prefabricated facade panels in a variable yet overall linear form.

El proyecto Chalchihui, diseñado a principios de los 70, con cinco edificios interconectados según una combinación tres partes/dos partes, al seguir el alineamiento demarca el lado de la calle, respecto de un terreno en declive pronunciado. Si se penetra por su parte media, atravesando la azotea de un garage de dos pisos, conferirá a lo que es una calle muy estrecha una impresión de espacio abierto como de jardín. Las vistas en el nivel de la calle cruzarán todo el proyecto hasta el trasfondo del cielo. Está diseñado para dos departamentos por piso en cada uno de los edificios, con todos los cuartos principales orientados visualmente hacia el panorama en declive. La calidad arquitectónica de este proyecto descansa en la rica interconexión entre la estructura reforzada de concreto y los paneles prefabricados de la fachada, en forma variable aunque lineal en general.

Back facade.

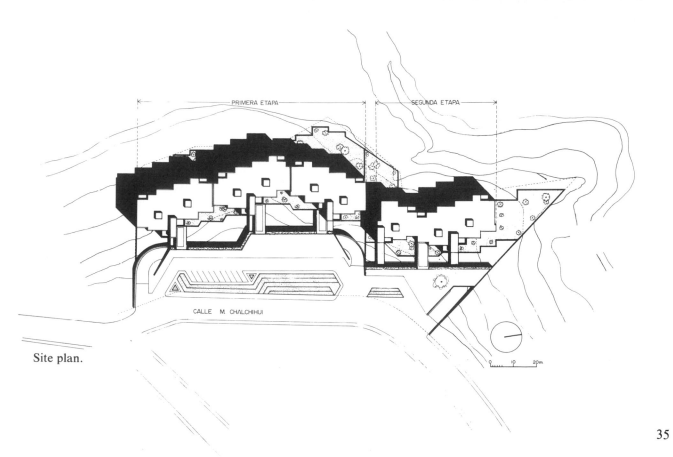

Site plan.

The Fuente de las Pirámides, designed in association with F. Rosemberg, comprises two buildings, each with two apartments per floor, again for different owners. Their angled relationship and different height placement on the sloping, formless site give the strong urban impression of a subtly meandering facade, a system which also affords a higher degree of privacy within and a widened angle of vision out. This angled, broken quality is further reinforced in that some of the upper apartments have two levels, thereby developing changing visual relationships of staggered balconies, while facades, more solid to the street and open down the slope to the view, result in a changing and interesting play of solid to void relationships. The facade of this project is entirely of precast concrete, which is cleverly handled for a rich play of sun and shadow. Vertical louvers on the street facade screen the traditional outdoor service space that serves also as a laundry area, a standard feature of housing in Mexico. Located off this is also usually a private room and bathroom for a maid. This is a contributing factor to an increased perimeter wall surface that invariably gives apartment developments here a more animated, angled and hollowed-out facade form than those in the United States.

The Avenida de Las Fuentes, with three apartments per floor substantially covering an awkward, triangular corner site, is again characterized by staggered, exterior interlocking planes emerging from this increased need for surface wall area. Deriving from a combination of climate and custom, this characteristic is indigenous to Mexico, and, as an idea, leads toward a pertinent regional look in buildings. Since its two side streets are of different widths, zoning permitted different heights fronting onto them within the mass of the building. The architects took advantage of this opportunity to create a dramatic profile, which is further animated by the variable form produced by the staggered terraces of duplex penthouses at the top two levels of the building.

Fuente de las Pirámides, diseñado en asocíacion con F. Rosemberg, comprende dos edificios, cada uno con dos apartamentos por piso, también para propietarios diferentes. Sus relaciones angulares y la colocación a diferente altura sobre terreno informe y en declive producen la fuerte impresión urbana de una fachada sutilmente serpenteada; sistema que proporciona también un mayor grado de privacía interior y un mayor ángulo de visión hacia el exterior. Esta calidad quebrada y angular se refuerza además por el hecho de que los apartamentos superiores tienen dos niveles, y por lo tanto se desarrollan relaciones visuales cambiantes entre balcones escalonados, mientras que las fachadas, de aspecto más sólido hacia la calle, y abiertas por encima del declive hacia la perspectiva, dan como resultado un juego interesante y cambiante de relaciones entre lo sólido y el vacío. La fachada de esta construcción es totalmente de concreto precolado, diestramente manejado para lograr un rico contraste de sol y sombra. En la fachada hacia la calle una celosía vertical de ventilación oculta el tradicional espacio exterior de servicio que también sirve como lavandería, característica de las viviendas en México. Junto a este espacio se encuentra generalmente un cuarto privado con baño para una sirvienta. Este factor contribuye a aumentar el perímetro de la superficie de la pared, y de esta manera se proporciona a los complejos urbanos de apartamentos una fachada más animada, angular y ahuecada que las formas de las fachadas en los Estados Unidos.

El edificio de Avenida de las Fuentes, con tres departamentos por piso cubriendo un difícil terreno triangular en esquina, se caracteriza de nuevo por planos exteriores entrelazados y escalonados que responden al requerimiento de mayor perímetro antes citado. Esta característica es autóctona en México, en la medida en que deriva de una combinación de clima y costumbres. Ello conduce a conferir un aspecto particular a los edificios. Puesto que las dos calles laterales son de distinta amplitud, la zonificación permitió diferentes altitudes frente a ellas en la masa del edificio. Los arquitectos aprovecharon esta circunstancia y crearon un perfil dramático que además se anima por la forma variable de las terrazas escalonadas, pertenecientes a los penthouses *duplex de los dos últimos niveles del edificio.*

Apartments, Fuente de las Pirámides, 1974. Arqs. T. González de León, A. Zabludovsky, F. Rosemberg.

Apartments, Avenida de las Fuentes, 1975. Arqs. T. González de León, A. Zabludovsky.

The facade of the building is similar to the exposed marble chip concrete of the houses, contrasting handsomely with smooth-finished, precast spandel panels which also contain an infill strip of a dark, purplish basalt stone of about five centimeters in dimension, bringing a further shift of scale in texture and color. Such nuances, plus the subtle, overall changing form of the building and the sense of variety within the parameters of a mature design control, mark this as a distinguished and distinctive structure. It is a building comparable with good examples in the United States and some of its design qualities reflect concerns paralleling those of architects whose work González de León and Zabludovsky understandably admire.

La fachada tiene semejanza con el concreto aparente con pedacería de mármol de las casas, y contrasta elegantemente con los extensos paneles de precolado acabados y lisos que también contienen una faja con piedra de basalto oscuro y purpúreo de aproximadamente cinco centímetros, lo cual produce además un cambio de escala en la textura y el color. Esos matices, además de la sutil forma cambiante del edificio en su totalidad y el sentido de variedad dentro de los parámetros de un control maduro del diseño, hace de él una estructura distinguida y característica. Se trata de un edificio comparable con algunos buenos ejemplos en los Estados Unidos, y algunas de las cualidades de su diseño muestran preocupaciones afines con obras de arquitectos admirados lógicamente por González de León y Zabludovsky.

General view (*right*: Fuente de la Templanza; *left*: Fuente de las Pyrámides; *center*: Avenida de las Fuentes). Arq. T. González de León, A. Zabludovsky.

Says González de León, "Because of my relationship with LeCorbusier, I did not really know the work of Frank Lloyd Wright. From the Robie House I rediscovered him as a marvelous architect. Louis Kahn's Richards Research Medical Center at the University of Pennsylvania was the start of many things. He opened new horizons to the functionalist mind, as had LeCorbusier at Ronchamp. But LeCorbusier's way was very personal, whereas Kahn's way in this building was more impersonal, and this is his great strength as a model."

Zabludovsky and González de León both admire I. M. Pei, especially since his forms are so close to their own interest, as they see his ideas deriving from the method of building. Zabludovsky is enthusiastic about the National Center for Atmospheric Research, Boulder, Colorado, because of its massive conception in the use of concrete and its great sense of scale. He cites the beginnings of modern architecture in Chicago, naturally Mies and the Seagram Building, and likewise again Kahn and the Medical Center: "I liked the philosophical ideas—like servant and served spaces—behind the form ideas. However, I have my doubts about his classical conception," he said in the context of discussing the Kimbell Museum in Fort Worth, Texas.

Dice el primero: "A causa de mi relación con Le Corbusier, no conocía realmente la obra de Frank Lloyd Wright. Al conocer la Robie House *redescrubrí a un arquitecto maravilloso. El* Richards Research Medical Center *de Kahn en la Universidad de Pennsylvania marcó el principio de muchas cosas. Abrió nuevos horizontes a la mentalidad funcionalista como lo había hecho Le Corbusier en Ronchamp. Pero Le Corbusier era muy personal, mientras que el estilo de Kahn en esta construcción era más impersonal y ahí radica su gran fuerza como modelo".*

Zabludovsky y González de León admiran a I. M. Pei, sobre todo porque las formas de éste son muy afines a sus intereses, en la medida en que consideran que las ideas formales de Pei derivan del método de la construcción. A Zabludovsky le entusiasma el National Center for Atmospheric Research, *Colorado, por su concepto masivo en el uso del concreto y su gran sentido de la proporción. Habla de los comienzos de la arquitectura moderna en Chicago, desde luego de Mies y del* Seagram Building, *y asimismo de Kahn, de nuevo, y del* Medical Center: "Me gustaron las ideas filosóficas —como la de espacios que sirven y que son servidos—que se revelaban en las ideas formales. Sin embargo, tengo mis dudas sobre su concepción arquitectónica clásica", dijo cuando discutía sobre el* Kimbell Museum *en Fort Worth.*

"Roche & Dinkeloo execute the best detailed, most perfect buildings in the United States . . . although I am not sure about their great use of the curtain wall . . . and I feel the Knights of Columbus Building is out of scale in the urban situation in New Haven, Connecticut, because all the elements, like the raised parking and the circular columns, are exaggerated. But the Ford Foundation in New York has a good sense of scale and fitness in the urban context. The United Nations Hotel in New York is detailed at the highest professional level. For us it is hard to finish a building in this way."

Of course, Oscar Niemeyer of Brazil has also enjoyed popular recognition as an architect on the Latin American scene since the early forties. Initially influenced strongly by LeCorbusier, "He has found his own way," says Zabludovsky. "In LeCorbusier you have a more solid way; Niemeyer, inspired by LeCorbusier, has an elegant way, looking for lightness in structure and form—but sometimes he does not go deep enough into a problem."

Although they are Latins who build in countries where the standard construction method is concrete (unlike the United States where high labor costs makes for a steel-building technology focused in the factory to minimize field construction labor), there are fundamental differences in the architecture of Oscar Niemeyer and González de León and Zabludovsky. Says Zabludovsky, "Our interpretation of architecture is completely different because it is not grandiose. We are not afraid of the heaviness of the concrete. We think that architecture comes from the relationship between space, structure and material. Niemeyer always wants to make thin sections and we are not so worried about this. But Niemeyer has been a big influence in Latin America. When the United States seemed completely Miesian (and at the National University in Mexico where Mies and Gropius were the gods), Niemeyer as an influence then showed us the possibility to create a modern architecture looking for local characteristics."

"Roche y Dinkeloo ejecutan los edificios más perfectos y mejor acabados de los Estados Unidos . . . aunque no estoy convencido del uso que hacen del muro cortina . . . y pienso que el Knights of Columbus Building está fuera de escala en la situación urbana de New Haven, Connecticut, porque todos los elementos, como el estacionamiento elevado y las columnas circulares, son exagerados. Pero la Ford Foundation en Nueva York tiene un buen sentido de la proporción y de adecuación al medio urbano. El United Nations Plaza Hotel en Nueva York tiene un acabado del más alto nivel profesional. Para nosotros es difícil terminar un edificio en esta forma".

Desde luego, Oscar Niemeyer, de Brasil, también gozó de reconocimiento popular como arquitecto en el medio latinoamericano desde principios de los 40. Influido al principio poderosamente por Le Corbusier, "ha encontrado su propio camino", dice Zabludovsky. "En Le Corbusier se encuentra un estilo más sólido; Niemeyer, inspirado por Le Corbusier, tiene un estilo elegante, busca la ligereza en la forma y en la estructura, pero a veces no profundiza lo suficiente en un problema determinado".

Aunque González de León y Zabludovsky son latinos que trabajan en países donde el método de construcción corriente es mediante el uso del concreto (a diferencia de los Estados Unidos donde los altos costos de mano de obra nos llevan a una tecnología de construcción con acero, centrada en las fábricas a fin de disminuir la mano de obra en el solar), existen diferencias fundamentales entre la arquitectura de los primeros y la de Niemeyer. Zabludovsky dice: "Nuestra interpretación de la arquitectura es totalmente distinta porque no es grandiosa. No le tememos a la pesadez del concreto. Creemos que la arquitectura surge de las relaciones entre el espacio, la estructura y el material. Niemeyer siempre quiere hacer secciones delgadas, a nosotros esto no nos preocupa mucho. Pero Niemeyer ha tenido una gran influencia en América Latina. Cuando en los Estados Unidos parecía que se seguía del todo el estilo de Mies (y en la Universidad Nacional de México, donde Mies y Gropius eran considerados como dioses), Niemeyer mediante su influencia nos mostró la posibilidad de crear una arquitectura moderna con características locales".

Jaysur Office Building, 1964. Arq. Augusto Alvarez.

The Miesian-type tradition continues in Mexico through Augusto Alvarez, an architect who, since the mid-1940's, has been designing serious buildings deriving from the curtain wall approach. His interpretations, as one would expect in the Mexican landscape, are not as austere and reductive as Mies's architecture.

La tradición del estilo de Mies se perpetúa en México a través de Augusto Alvarez, arquitecto que a mediados de los 40 diseñó edificios serios que derivan del enfoque basado en la pared cortina. Sus interpretaciones, como era de esperarse conociendo el paisaje mexicano, no son tan austeras y reductivas como en la arquitectura de Mies.

Shell structure, Ciudad Universitaria, 1952. Arqs. Felix Candela, Jorge González Reyna.

Mexico's interest in the structural approach to design found great impetus in the 1950's in the lyrical shell structures of Felix Candela. Their flowing curves, anything but extravagant, were simple, visually intelligent, and structurally dramatic shapes defining space. Paralleling Candela's structural contribution to architecture was the influence on thought, sculpture and form of Mathias Goeritz. Pointing to our spirit as being "crushed" by so much functionalism, he saw in historical monuments, like the Pyramids, an inspiration and emotion that was important if we were to consider architecture as an art, an idea in step with the most advanced thought in the world architecture scene at the time and of ever increased contemporary interest. His painted concrete towers of Satellite City in Mexico in 1957, with their subtle pastel colors, have a grandeur, originality and impact, especially in relation to the movement of the automobile, that distinguishes them and the creative vitality of Mexico.

El interés de México en el enfoque estructural del diseño recibió un gran ímpetu en los años 50 en las líricas estructuras de concha, de Felix Candela. Sus curvas fluidas, al borde de la extravagancia, eran formas simples, visualmente inteligentes y estructuralmente dramáticas, que definían el espacio. Paralela a la contribución arquitectónica estructural de Candela fue la influencia de Matías Goeritz sobre el pensamiento, la escultura y la forma. Señalando que nuestro espíritu se hallaba aplastado por tanto funcionalismo, vió en los edificios, como en las Pirámides, una inspiración y una emoción que son importantes si hemos de considerar a la arquitectura como un arte; concepto adecuado al pensamiento más avanzado en los medios arquitectónicos del mundo entero en aquel momento y de gran interés contemporáneo incluso. Las torres de concreto pintadas, en Ciudad Satélite, México, en el año de 1957, con sutiles colores pastel, tienen una grandeza, una originalidad y un poder de impresionar, especialmente vistas desde un automóvil en movimiento, que las distinguen como expresión de la vitalidad creativa de México.

Torres de Satelite, 1957. Sculptor Mathias Goeritz, Arq.
Luis Barragán.

El Bebedero Fountain, Las Arboledas, Mex., 1961.
Arq. Luis Barragán.

Collaborating architect for the towers Luis Barragán also works in a different type of "less is more" vein. Interested in visibly isolating beautiful landscape relationships, he designs to emphasize a rugged, natural beauty in contrast with a reduced, limited palette of flat wall planes and elemental geometric volumes. The rough plastered surfaces are ritually repainted in wonderful colors that, however, rapidly fade in the bright sun.

Luis Barragán, arquitecto colaborador en las torres, trabaja también en una variante de la idea "lo menos es más". Interesado en aislar visualmente relaciones paisajistas diseña para intensificar una belleza natural agreste que contrasta con una reducida y limitada paleta de paredes lisas y de volúmenes geométricos elementales. Las superficies ásperas de aplanado se vuelven a pintar ritualmente en maravillosos colores que, sin embargo, se desvanecen rápidamente con el brillo del sol.

Hotel Camino Real, Mexico City, 1968. Arq. Ricardo Legorreta.

Although he is sometimes referred to as a romantic given to theatricalism by some of his colleagues, Barragán's is an example that, within the tradition of Mexican architecture, looks beyond any pastiche nostalgia for the Colonial past—for a new sense, a detached vision of the twentieth century with roots in the past. The important aspect to Barragán's architecture is the concept of inner space—the use of transitional space to link interior and exterior architecture, and "mystical" space that seems to recall the past. Like the convent, it is the space of quiet: the space for horses at gentle, limbering exercise. The atmosphere of wall, color, texture and filtered light seems almost to defy time and reality. To Barragán the space is important, but what will be emulated is the more obvious, the colored walls of plaster which by their nature are quite limited, and in unskilled and impatient hands can become a means to cover over and a vehicle to the purely visual.

Ricardo Legorreta is the Mexican architect most closely associated with a development from Barragán's minimal aesthetic today. Whereas Barragán has built little, mainly for himself, and often focused on landscape and fundamentally aesthetic problems, Legorreta has successfully applied the minimal feeling. For example, although at a large scale and without surrounding natural beauty, the Camino Real Hotel in Mexico City must rank as one of the world's most elegant modern hotels, with true atmosphere and restrained, quiet dignity.

Aunque a veces sus colegas se refieren a él como a un romántico al que le gusta la teatralidad, Barragán es ejemplo, dentro de la arquitectura mexicana, de una mirada que va más allá de cualquier nostálgico pastiche del pasado colonial, en busca de un nuevo sentido, de una visión serena del siglo XX con raíces en el pasado. Lo importante en la arquitectura de Barragán es el concepto del espacio interior, el uso de un espacio de transición que relaciona la arquitectura interior con la exterior, y el espacio "místico" que parece llamar de nuevo al pasado. Como en el convento, se trata del espacio del sosiego: espacio para caballos ágiles en ejercicio suave. La atmósfera de la pared, el color, la textura y la luz filtrada parecen desafiar casi al tiempo y a la realidad. Para Barragán el espacio es importante, pero lo que ha de ser emulado es lo más obvio, los muros de aplanado de colores que, por su naturaleza, son bastante limitados y que en manos inexpertas e impacientes pueden convertirse en medios para cubrirlo todo y en vehículo de lo puramente visual.

Ricardo Legorreta es hoy el arquitecto mexicano asociado más estrechamente con el desarrollo de la estética "minimalista" de Barragán. Mientras que Barragán ha construído poco, principalmente para sí mismo, y a menudo se ha concentrado en el paisaje y en problemas fundamentalmente estéticos, Legorreta ha aplicado con éxito el enfoque "minimalista". Por ejemplo, aunque a gran escala y sin la belleza natural alrededor, el Hotel Camino Real de la ciudad de México, debe contarse como uno de los hoteles modernos más elegantes del mundo, con verdadero ambiente de contención, de serena dignidad.

Relative to the use of plaster and color, Zabludovsky says, "Architecture needs to be durable but when you have to paint a wall to keep it parallel with its design intention, experience shows us that this is only feasible in small projects or buildings designed for wealthier people. When you confront the immensity of our social problems and projects of a big scale, then the durability of construction should be synonymous with architecture."

González de León expresses his feelings: "You must have the presence of structure to feel the force of a building coming to the ground—we need this for equilibrium. In a very simple way, in architecture, you have only space with structure visible. Beyond that, I am interested to see the joints of assembly. Earlier, I thought *structure* meant the way of building and consequently the way of architecture. Now I think we must use these elements, but with visual significance. The parts of a building must have significance." As to the role of color in architecture, González de León says, "All architecture in history had some idea of color, but it is a difficult idea, too. At the Campidoglio in Rome, panels in the entablature were of red brick between light beige travertine marble because Michelangelo wanted to use color—but after a while it all eventually weathers to gray. We don't know what colors the Mexican Pyramids originally were, except that they were brightly colored; now they are all gray. Can you imagine how beautiful they must have been in color?"

"I disagree with paint when you cannot afford to maintain it," says Zabludovsky, "but, of course, I don't disagree with color in architecture. Color must come from material—like we are exploring in the use of colored panels made from precast concrete with colored stones or marble in the panels."

Although the work of González de León and Zabludovsky is not an isolated effort but explores conclusions germane to the seminal ideas of the Modern Movement, in general theirs is an architecture that is more than the sum of European and United States influences. It is not conditioned by any rationalist or singular idea but rather develops from experience. One senses that they see modern architecture as the manifestation of a new and progressive social order rather than any disciplining ideology.

Con respecto al uso de los aplanados y el color Zabludovsky opina: "Hay que tratar de lograr una arquitectura durable, pues cuando se tienen que pintar las paredes para conservarlas, a la altura de su intención, se crea la necesidad de mantenimiento, y la experiencia nos ha demostrado que esto solamente es factible en proyectos pequeños o en edificios para gente próspera. Cuando nos enfrentamos a las necesidades de los grandes núcleos de población, de ingresos medios y bajos, debemos procurar que la durabilidad sea sinónimo de arquitectura."

González de León manifiesta sus opiniones: "La estructura debe estar presente para sentir la fuerza del edificio dirigiéndose al suelo, se necesita por razones de equilibrio. De manera muy simplificada, en arquitectura, sólo se cuenta con espacio y estructura visible. Además de esto, me interesa ver las juntas de construcción. Antes creía que la estructura expresaba la forma de construir y por lo tanto el estilo de la arquitectura. Ahora pienso que debemos usar esos elementos, pero con sentido. Las partes de un edificio deben tener significación". Respecto al color en arquitectura, González de León dice: "Toda arquitectura en la historia tiene alguna idea del color, pero es una idea difícil también. En el Campodoglio, en Roma, los paneles del entablamiento eran de ladrillo rojo entre mármol travertino de color beige claro, porque Miguel Angel quería usar ese color—pero después de un tiempo todo acaba por volverse gris a la intemperie. No conocemos los colores originales de las pirámides mexicanas, sólo sabemos que estaban pintadas con colores brillantes; ahora todas son grises. ¿Se puede usted imaginar qué bellas habrán sido con colores?"

"No estoy de acuerdo con la pintura cuando no se tienen los medios de mantenerla", dice Zabludovsky, "pero, desde luego, no me disgusta el color en arquitectura. El color debe surgir del material— así lo estamos considerando y experimentando en el uso de paneles de colores, hechos de concreto precolado con piedras de colores o mármol en los paneles".

Aunque la obra de González de León y de Zabludovsky no es un esfuerzo aislado sino que explora resultados emparentados con las ideas seminales del Movimiento Moderno en general, su arquitectura es más que la suma de influencias europeas y estadounidenses. Ninguna idea racionalista o específica la condiciona, sino que se desarrolla a partir de la experiencia. Es evidente que consideran a la arquitectura moderna como la manifestación de un nuevo orden social progresista antes que como una ideología disciplinaria.

Mies was for years identified with the functionalist theories of the 1930's but in actuality he was little concerned with function in any specific way. He used structural components sometimes purely for their formal arrangement, and, unlike many of his colleagues at that time, was invariably involved with the texture and color of rich and frequently traditional materials. Although Mies and Gropius both used and advocated the importance of technology, they were not very experimental in its use. Similarly, González de León and Zabludovsky make pragmatic use of simple, available means and their work looks beyond the functionalist premise for a synthesis that includes a form idea relative to all the functions, the general urban and local conditions, materials and their maintenance, and all pertinent economic factors. They, like many counterparts around the world, find architecture anything but the easy "form-follows-function" notion, and are more dependent for their inspiration upon the main idea that stems from a broader synthesis. This is seen in several public projects of recent years. Likewise, the development and refinement of ideas.

In the proposal for the Ministry of Public Works of which the first stage is illustrated, the problem was one of permitting a potentially highly variable, unpredictable expansion: a 300 percent growth factor in any one of its parts in any direction—forward, sideways and/or upwards. The construction theme expressed by the disciplining skeleton is one of large open areas, for the maximum flexibility in the arrangement of interior spaces, supported by columns. Housed in the columns hollow interiors are the support systems that serve these open areas: elevators, air-conditioning ducts, toilets, bathrooms and storage spaces. The linear organization of the grouped modules of space permits all the supporting systems to develop and function autonomously. The facade is a "strong" skeletal architecture of tray-like planes, rather than expressed linear structure, culminating in a stepped roof profile. Sun and shadow become the building's ornament, as materials and construction assembly become overall form, articulating interior space. The proposal's aesthetic affinities are not too dissimilar from those of the "Metabolists" and their bold, concrete megastructure assemblages in Japan.

Durante varios años se identificó a Mies con las teorías funcionalistas de los años 30, pero en realidad casi no le interesaba la función de manera específica. Usaba componentes estructurales a veces sólo para la disposición formal y, a diferencia de muchos de sus colegas de ese tiempo, se ocupaba invariablemente de la textura y del color de materiales ricos y muchas veces tradicionales. Aunque Mies y Gropius hacían uso de la tecnología y defendían su importancia, no lo hacían de una manera muy experimental. De manera similar, González de León y Zabludovsky hacen un uso pragmático de medios simples y disponibles: su obra busca así, más allá de la premisa funcionalista, una síntesis que incluya un concepto formal de todas las funciones, las condiciones urbanas y locales, los materiales y su mantenimiento, así como todos los factores económicos pertinentes. Como a muchos otros arquitectos del mundo, les parece que la arquitectura está lejos de consistir en el fácil concepto de que "la forma sigue a la función", y se inspiran más en la idea principal que brota de una síntesis más amplia. Lo anterior se aprecia en varios proyectos públicos de años recientes, al igual que el desarrollo y refinamiento de las ideas.

En el plan elaborado para la Secretaría de Obras Públicas, de la que vemos el primer piso en las ilustraciones, el problema consistía en lograr una expansión potencial y altamente variable e impredecible: un factor de crecimiento de 300 o/o, en cualquiera de sus partes y en cualquier dirección, hacia adelante, hacia los lados y/o hacia arriba. El tema de la construcción, que se expresa en la disciplinada estructura, consiste en amplias zonas abiertas, para dar mayor flexibilidad a la disposición de los espacios interiores, soportados por columnas. Alojados en el interior de las columnas huecas se encuentran los sistemas que proporcionan servicio a las áreas libres: elevadores, tubos de aire acondicionado, baños y espacios de almacenamiento. La organización lineal de los módulos de espacio que se agrupan, permite a todos los subsistemas de soporte desarrollarse y funcionar autónomamente. La fachada es una "fuerte" arquitectura de esqueleto, de aspecto estratificado, más que la expresión de una estructura lineal, que culmina en un techo de perfiles escalonados. El sol y la sombra constituyen la ornamentación del edificio, así como el uso de los materiales y sistemas de construcción constituyen la forma general que articula el espacio interior. Las afinidades estéticas que se revelan no difieren mucho de las de los "Metabolistas" con sus conjuntos de audaz megaestructura de concreto, en Japón.

Ministry of Public Works, 1971. Arqs. T. González de
León, A. Zabludovsky.

The Marvel Commercial Center, a multi-functional complex, combines shops on the first four levels above the street, offices and warehouse space in its middle layer, with two 25-story apartment towers above, using the roof of the stores as play area and gardens. In the residential towers a more sophisticated climatic and site responsiveness is visible in comparison with the Mixcoac Towers, from which their plan essentially derives. Mixcoac is the hardness of the right angle and the orthodoxy of symmetry, the architecture of formalized pattern making. The Center Towers, also with four apartments per floor, exhibit a more mature architectural attitude that looks to the street and the urban situation for reason and form relative to placement, orientation and sun control. Curiously, such avocation, as opposed to the formal neoclassic approach, was central to LeCorbusier's philosophy.

El Centro Comercial Marvel *es un complejo multifuncional que combina comercios en los 4 primeros niveles con oficinas y espacios para almacenamiento en su estrato medio; cuenta con 2 torres de 25 pisos de apartamentos, y el techo de los almacenes se utiliza como área de juego y jardines. En las torres residenciales se aprecia una sensibilidad más refinada para el lugar y el clima, en comparación con las Torres de Mixcoac, de las que deriva su plan esencialmente. Mixcoac representa la dureza del ángulo recto y la ortodoxia de la simetría, la arquitectura según un modelo formalizado. Las Torres del "Centro", con 4 apartamentos por piso también, muestran una actitud arquitectónica más madura que busca en la calle y la situación urbana las razones y las formas del emplazamiento, la orientación y el control del sol. Curiosamente esta vocación, opuesta al enfoque formal neoclásico, era central en la filosofía de Le Corbusier.*

Marvel Commercial Center, 1977. Arqs. T. González de
León, A. Zabludovsky.

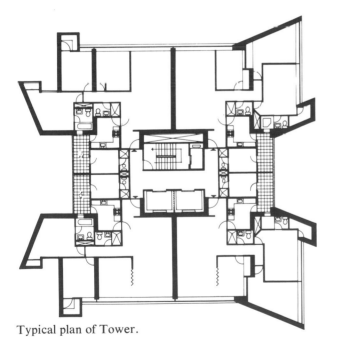

Typical plan of Tower.

Aerial view.

Delegación Cuauhtémoc (entrance).

While the Delegación Cuauhtémoc, the administrative government office for a downtown area of Mexico City, designed in association with Jaime Ortiz Monasterio and Luis Antonio Zapiain, is a building with some interesting ideas, and an important link to subsequent work, it is also one of aesthetic contradiction. Its two parallel blocks of different lengths have a gently stepped plan configuration, a clever accommodation to the variable room size requirements of the interior and one that also helps mitigate any sense of monotony in the interior space. The facade undulation defines an interesting exterior court of continually changing perspective that also gains drama from terraced changes in its ground plane, affording direct access to the building at several levels. An ochre–tinted skylight system shelters and diffuses light within this space where street and court are mingled. It brings a richness of sun and shadow, triggering a sophisticated and totally relevant move toward climate and circulation as a persuasive example of a design made adaptable to a region. It is the ponderous quality of the vertical structure, further emphasized by thin vertical fins that divide the facade between, applied in relentless manner, that detracts from what is otherwise an intelligent and functional building.

Aunque la Delegacíon Cuauhtémoc, oficina administrativa gubernamental de un área céntrica de la ciudad de México, diseñada en asociación con Jaime Ortiz Monasterio y Luis Antonio Zapiain, es una construcción con algunas ideas interesantes y guarda una importante relación con la obra siguiente, también es una contradicción estética. Sus dos bloques paralelos de diferentes longitudes están configurados según un plan de suave escalonamiento, hábil acomodamiento a los requisitos variables de tamaño de los locales interiores, y que ayuda también a mitigar cualquier sensación de monotonía en el espacio interior. La fachada ondulada define un interesante patio interior de perspectiva continuamente cambiante que llega a ser dramática por los cambios de nivel terraceados de la planta baja y que contiene el acceso directo a los varios niveles del edificio. Un sistema de tragaluces color ocre aísla y difunde la luz dentro de ese espacio donde se entremezclan el patio y la calle. Se logra así una riqueza de sol y sombra activando un movimiento refinado y totalmente adecuado al clima y a la circulación, como modelo convincente de un diseño adaptado a una región. Es la calidad pesada de la estructura vertical, subrayada además por las delgadas aletas verticales que dividen la fachada, aplicadas de manera inexorable, lo que demerita a este edificio, inteligente y funcional por otras razones.

Delegación Cuauhtémoc
(central circulation view).
Arqs. Teodoro González de León,
Abraham Zabludovsky, Jaime Ortiz
Monasterio, Luis Antonio
Zapiain.

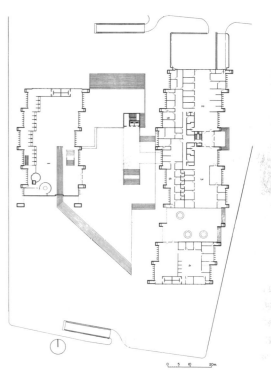

Plan at plaza level.

Delegación Cuauhtémoc
(covered patio).

The Infonavit, suggested in the Delegación and alluding to the Colegio, is a further move toward a pertinence in architecture that can flow out of an appropriate regionalism, a quality that architects generally acknowledge as lacking in the Modern Movement. With the great spurt of knowledge and new aesthetic possibility of the late twenties, the quality of indigenous building and historic precedent was generally overlooked. Today we are enamored of such potential influence as it alludes to richer directions, possibly more distinctive personality and sense of place. Such, for example, is the distinction of indigenous Mediterranean architecture with its emphasis on the clarity of elemental volume and primary masses, forms closely grouped to shade from the sun. The patio is no accident in sunny climates, nor are screen roofs and arcades that shelter and define space and filter light, nor are punched windows and doors, deeply recessed and simply repeated. Such buildings have a timeless quality because the response to primary needs, custom, way of life and climate, in addition to the lack of concern—or lack of need—for decoration and the superfluous, are essential characteristics.

The Infonavit is a gesture toward this direction without compromising twentieth-century potential. The building, housing the Government Institute of Funds for Workers' Housing, is constructed of poured-in-place walls and supporting beams, bush-hammered for an integral finish, with clear span floors of exposed prefabricated concrete and T–beams that are visible throughout. A low building concept was developed to establish a more desirable urban framework while spatially structuring, departments to minimize vertical circulation, reducing the dependency upon elevators.

An exterior plaza, formed by the diagonal wall of the office building, whose only penetration is a three-story-high main entrance, is defined at its other boundary by the also almost solid exterior wall of a 500-car parking garage. Invariably aesthetically deleterious in the United States urbanscape, here it is cleverly used as an intelligent aid to lock the office structure into a newly created cityscape that brings a new sense of urban meaning to the

El Infonavit, del que algunos elementos ya se encontraban sugeridos en la Delegación y se aluden en el Colegio, constituye un paso más hacia la pertinencia en arquitectura, que puede surgir de un regionalismo apropiado, una cualidad carente en el Movimiento Moderno, como muchos arquitectos reconocen. Con el gran brote de conocimientos y de nuevas posibilidades estéticas de fines de los años 20, se habían descuidado en general la calidad de la construcción autóctona y de los precedentes históricos. En la actualidad nos fascina esa influencia potencial porque apunta hacia direcciones más ricas, tal vez a una personalidad más fuerte y un mayor sentido del sitio. Tal es, por ejemplo, la distinción de la arquitectura autóctona mediterránea que subraya la claridad del volumen elemental y de las masas primarias, formas estrechamente agrupadas para protegerse del sol. En los climas asoleados, la existencia del patio no es accidental, como tampoco la de los techos protectores y las arcadas que abrigan y definen el espacio al mismo tiempo que filtran la luz, ni tampoco las perforaciones de puertas y ventanas, profundamente remetidas y sencillamente repetidas. Esas construcciones revelan una cualidad intemporal porque la respuesta a las necesidades primarias, a las costumbres, al modo de vida y al clima, además de la despreocupación ante la decoración superflua, son características esenciales en ellas.

El Infonavit se inscribe en esta dirección que no altera el potencial del siglo XX. El edificio, que aloja al Instituto del Fondo Nacional para la Vivienda de los Trabajadores, esta construido a base de muros y trabes portantes—con acabado integral cincelado—cuyo vaciado se hizo en el lugar mismo, y para cubrir los amplios claros se usaron vigas T prefabricadas de cemento aparente por todas partes. Se desarrolló un concepto de edificio bajo para crear una estructura urbana más conveniente, mientras se estructuraba el espacio usable con el fin de disminuir la circulación vertical, y se reducía así la dependencia de los elevadores. Una plaza exterior, formada por la pared diagonal del edificio de oficinas, cuya única penetración es la entrada principal de tres pisos de altura, se cierra por el otro extremo con el sólido muro de un estacionamiento para 500 automóviles. De modo invariable, lo que es estéticamente pernicioso del paisaje urbano aquí se usa con destreza, para ayudar de manera inteligente a situar la estructura de las oficinas en un paisaje citadino recreado que aporta un

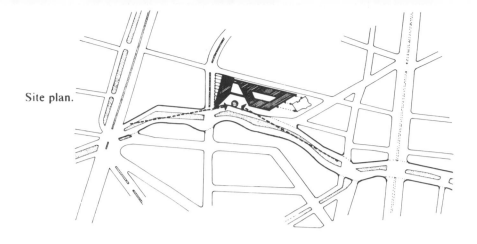

Site plan.

El Infonavit, 1973. Arq. T. González de León, A. Zabludovsky.

0 50   200   300 m.

area. The raking diagonal of the office facade and the cut in the front portion of the parking structure containing the circular exit ramp open this plaza dynamically to the primary street while, with superior urban sensitivity, terminate converging vistas in either direction to within the plaza. A little suggestion in the early Leibnitz office structure here becomes a sophisticated urban response. The convergent sidewalls of the plaza terminate in the rear to a tree-lined street, affording a passagelike continuation of space that has all the suggested, glimpsed anticipation of Mexico's Spanish convent complexes.

The major office secretarial areas look out on this quiet street and to a landscaped area and reflecting pool to the west. The deeply modeled facade of the building is an expression of projected structure used to control sun penetration to the interior: the north extended perpendicular to the wall plane, the south facade on the diagonal to close against the most severe western sun, and the west facade parallel, thereby opening windows to the north. As such it is a useful lesson in energy conservation to the United States. The bladelike planes also serve to reflect additional light to the interior. The vertically stepped facades on the north and south sides are designed to minimize glare and eliminate the necessity for drapes—a maintenance problem in offices that is almost unavoidable in curtain-wall-type solutions. It is necessary to remember that in Mexico the sun strikes all four facades of a building. The winter sun bathes the south facade as in the United States, but the summer sun is in the north, striking that facade. The skill with which the facade elements are handled is especially evident at the building's southwest acute-angled corner where these various systems overlap with skillful design resolution.

The interior court, attractively lit from above by ambient light between the precast roof T's, is divided into two spaces (similar to Kahn's Mellon Center for British Art at Yale) by the vertical circulation area from which the viewer looks out over the two courts on alternating levels from a central bridge space. Pleasantly secluded from the more

nuevo sentido urbano al área. La diagonal convergente de la fachada de las oficinas y el corte en la porción frontal de la estructura del estacionamiento, con la rampa circular de salida, abren esta plaza dinámicamente hacia la calle mientras que, testimoniando una sensibilidad urbana superior, terminan en una convergencia de vistas desde ambas direcciones hacia el interior de la plaza. Lo que aparecía como una sugerencia en la temprana construcción del edificio de Leibnitz, aquí es ya una refinada respuesta urbana. Las paredes laterales convergentes de la plaza terminan en la parte posterior en una calle bordeada de árboles; se crea así una continuación espacial a manera de pasaje que contiene todo lo que anticipan y sugieren los complejos conventuales españoles de México.

La mayor parte de las oficinas están orientadas hacia esta tranquila calle y hacia un espacio jardinado con un espejo de agua, al poniente. La fachada muy modelada del edificio es manifestación de una estructura utilizada para controlar la entrada del sol: la norte desplegada perpendicularmente al plano de la pared, la sur en diagonal para proteger del más severo sol del oeste, y la fachada oeste paralela, con ventanas que se abren por consiguiente hacia el norte. Por ello es una útil lección de conservación de la energía, para los Estados Unidos. Los planos en forma de cuchilla sirven también para reflejar la luz adicional en el interior. Las fachadas escalonadas verticales en el norte y sur se diseñaron con el fin de disminuir el resplandor y evitar el uso de cortinas—un problema de mantenimiento en las oficinas que es casi inevitable cuando se opta por el tipo pared cortina. Es necesario recordar que en México el sol cae sobre las cuatro fachadas de un edificio. El sol del invierno baña la fachada sur, como en los Estados Unidos, pero el del verano cae sobre la norte. La destreza con que se manejan los elementos de la fachada se hace especialmente evidente en la esquina sudoeste, de ángulos agudos, donde varios sistemas se superponen en la resolución hábil del diseño. El patio interior, iluminado de manera atractiva con luz natural entre las "T" del techo precolado, se halla dividido en dos espacios—parecidos a los del Kahn's Mellon Center for British Art en Yale—por un área de circulación donde el espectador puede mirar los dos patios en niveles alternados desde un espacio a manera de puente central. Agradable-

heavily trafficked entrance space is a lower garden court deep in the interior—the focus for a library, employees' restaurant and auditorium—which is on a more intimate scale. The angling back of the floor at the second level within this court introduces a two-story space that further destroys any equality of the courts, that is the geometric echo of the protected roofed area of the three-story angled entrance. Spaces are air-conditioned because of the depth of offices, which are organized with the large, open secretarial areas with movable partitions for privacy and flexibility, on the exterior, and the small offices of senior personnel in the inner courts that are immediately accessible for privacy from perimeter galleries.

In such classical buildings as Versailles in France, the immensity of the architecture is lost when you enter and experience only the salon, stylistically and decoratively apart from the exterior. In many other types of historical buildings, including the Spanish convents of Mexico, to enter an interior patio is to again experience architecture as a totality. With Infonavit, since the exterior concrete planes and red tiled floor surfaces are carried through to the interior court, there is again a feeling of procession of space, reinforcing the idea of the building as a whole. It is a feeling, too, that carries to the careful consideration of detail. To compare Infonavit with its architectural counterpart, the Housing and Urban Development Building in Washington, D.C., by Marcel Breuer and Herbert Beckhard is to see in H.U.D. a quality building with a strong architectural facade expression, which, through no fault of its architects, is completely lost in the interior for various economic and administrative reasons, to a warren of drearily repetitive bureaucratic spaces. In Mexico, González de León and Zabludovsky have enviably been afforded the opportunity to realize in Infonavit a building of merit as a totality—an urban exterior of relevance and quality and an interior of such aesthetic character and functional accommodation that it stands as a model to administrative bureaucracy around the world.

mente aislado del espacio de entrada y de su tráfico agobiante se encuentra un patio inferior con jardín, enclavado en el interior, donde se alojan una biblioteca, un restaurante para empleados y un auditorio de proporciones más íntimas. La esquina posterior del piso que se halla en el segundo nivel dentro de este patio introduce un espacio de dos pisos que además crea una desigualdad entre los patios, y constituye el eco geométrico del área techada que sirve de protección a la entrada angular de los tres pisos. Los espacios tienen aire acondicionado a causa de la profundidad del área de las oficinas; éstas se hallan organizadas con las amplias y abiertas áreas secretariales con separaciones móviles, para dar privacía y flexibilidad, del exterior, y las pequeñas oficinas del personal de más jerarquía en los patios interiores, que son inmediatamente accesibles y aisladas del perímetro de las galerías.

En los edificios clásicos, como Versalles en Francia, la sensación de inmensidad de la arquitectura se pierde cuando entra uno y percibe sólo el salón, distinto del exterior tanto por el estilo como por la decoración. En muchos otros tipos de edificios históricos, incluyendo los conventos españoles de México, entrar al patio interior es experimentar de nuevo la sensación de la arquitectura como una totalidad. En el Infonavit aparece de nuevo la sensación del espacio como en sucesión, con lo que se refuerza la idea del edificio como un todo, mediante los planos exteriores de concreto y las superficies de baldosas rojas que llegan hasta el patio interior. Se siente también la cuidadosa consideración del detalle. Comparar el Infonavit con su contraparte arquitectónica, el Housing and Urban Development Building *de Washington, D.C., de Marcel Breuer y Herbert Beckhard, que crearon un edificio de calidad con una fuerte expresión arquitectónica en la fachada que, no por culpa de ellos, se pierde completamente en el interior de un sinfín de espacios rutinariamente burocráticos por razones económicas y administrativas.*

En México, González de León y Zabludovsky han tenido la envidiable oportunidad de realizar en el Infonavit un edificio meritorio en su totalidad, un exterior urbano de importancia y calidad, y un interior de carácter estético y funcional, modelo para la burocracia administrativa del mundo.

Museo Arte Contemporáneo Internacional Rufino Tamayo, 1975. Arqs. T. González de León, A. Zabludovsky.

When Mexico's most celebrated contemporary artist Rufino Tamayo decided to give a valuable collection of his own paintings, plus post-1950's art that he had carefully selected and acquired from around the world, for the purpose that it be housed as a permanent exhibit in a new national museum in Mexico City, he came to González de León and Zabludovsky to design the facility. (Tamayo has already given a distinguished collection of pre–Columbian art that is impressively installed in one of Mexico's fine old colonial houses converted into a museum in Oaxaca.) As at Oaxaca, this collection is to be installed by Fernando Gamboa, director of the Museum of Modern Art in Mexico.

Cuando el artista contemporáneo más famoso de México, Rufino Tamayo, decidió donar una valiosa colección de sus propias pinturas—además de obras artísticas posteriores a los años 50, seleccionadas y adquiridas cuidadosamente para que se exhibieran de manera permanente en un nuevo museo nacional en la ciudad de México—les pidió a González de León y a Zabludovsky el diseño del edificio. (Tamayo donó una distinguida colección de arte precolombino, que se instaló de manera impresionante en una de las bellas casas coloniales de México en Oaxaca, convertida en museo). Como la de Oaxaca, esta colección será instalada en México por Fernando Gamboa, director del Museo de Arte Moderno.

Embajada de México en Brasilia, 1973. Arqs. T. González de León, A. Zabludovsky, F. Serrano.

Approached across a broad tiled plaza to be used as a sculpture garden, the building is in essence a series of interlocking galleries turned 45 degrees in both directions from the horizontal. These terraced exhibit galleries overlook the imposing four-story central interior court for the exhibition of sculpture. The building is a series of stepped concrete forms which reflect the different heights of gallery spaces in the building's exterior. Natural light is introduced to the interior where the building's mass shifts in direction through angled geometry that is a resultant of the intersection. Within the central organizing theme idea of the pyramiding, angled forms that will permit future expansion without compromising the original scheme's architectural presence, a dexterous handling of highly variable space is achieved.

The programmatic intent of its planners is that the various embassies at Brasilia, gathered together in one zone, become international examples of modern architecture. Typical of sites for other countries, the Mexican Embassy by González de León and Zabludovsky, in association with J. Francisco Serrano, is located on a 100 x 250-meter tract of land, with an overall slope of 16 meters, and the primary access at the lowest part, with expansive views down the site to a large artificial lake. The Chancellery, the formal administrative and ceremonial structure, is located at the entrance to the site and approached across a broad plaza. In the center is the residence of the ambassador overlooking the Chancellery for a dramatic lake view, and alongside it, the privacy of its own access road. At the rear of the site, with its own entrance, is a complex of seven houses for embassy functionaries.

Precedido de una gran plaza de baldosas que habrá de usarse como "jardín de esculturas", el edificio es en esencia una serie de galerías entrelazadas, en ángulos de 45° en ambas direcciones partiendo de la horizontal. Estas galerías abiertas dominan el imponente patio central interior hacia el que miran 4 pisos destinados a la exhibición de escultura. El edificio está constituido por una serie de formas escalonadas de concreto que reflejan las diferentes alturas de los espacios de las galerías en el exterior del edificio. La luz natural se introduce en un lugar en que la masa del edificio cambia de dirección mediante una geometria angular que resulta de la intersección. Siguiendo la idea temática organizadora central de una construcción piramidal—de formas angulares para permitir una expansión posible sin afectar la presencia del esquema arquitectónico original—se logra un manejo diestro de un espacio altamente variable.

La intención programática de sus planeadores es que las diversas embajadas en Brasilia, reunidas en una sola zona, lleguen a ser ejemplos internacionales de arquitectura moderna. En un lote típico de esa zona, la Embajada de México construida por González de León y Zabludovsky, en asociación con J. Francisco Serrano, se encuentra emplazada en una extensión de 100 X 250 metros, con un declive general de 16 metros, y un acceso principal a la parte más baja, con amplias vistas hacia el lago. La cancillería, la estructura formal administrativa y ceremonial, se localiza a la entrada y puede abordarse por la gran plaza. En el centro se encuentra la residencia del embajador, que tiene, por encima de la cancillería una vista espectacular del lago y que disfruta de la privacía de una carretera propia. En la parte posterior, con su propia entrada, se halla un complejo de siete casas para funcionarios de la embajada.

57

As the museum concept is one of interlocking form strongly expressed in exterior design, the Embassy has a shaped landscape whose functional and aesthetic intent has produced a powerfully expressive sculptural theme. The great Pyramids of Mexico are elemental geometric forms embedded in a landscape of carefully conceived spaces that relate sequentially as the onlooker passes around and through them. Since the involvement with interior space in the Pyramids was minimal, the shaping of the landscape in relation to elements placed within it becomes the overall sculptural drama at a scale that would awe even the conceptual artist Christo! Land and element, as in the grand palaces and gardens of Europe or the houses and courtyard gardens of Japan, are conceptually one at their outset. The idea can be valid and persuasive at any scale. So, at Brasilia, three relatively small buildings are ensconced in a landscape where the earth is burmed into a system of angled grass planes and paved courts that appropriately afford a physical separation yet with a visually sensed continuity of space, in an overall sculptural plasticity of raking planes. Spaces frame and are shaped for, and to, buildings as they in turn almost seem to "clip" into the landscape. Grass burms on the long side of the site create privacy from neighboring embassies while orienting views toward the lake. Beams span from these burms across the space to lock building with land, forming the symbolic sense of arrival through the entrance porch to the Chancellery and the colonnaded porch that defines the reception, terrace and pool areas to the ambassador's residence.

Así como el concepto del museo es el de una forma entrelazada que se expresa con fuerza en el diseño exterior, la embajada tiene configurado un paisaje cuya intención estética y funcional dio como resultado un tema escultórico muy expresivo. Las grandes piramides de México son formas geométricas elementales empotradas en un paisaje de espacios cuidadosamente concebidos que se relacionan secuencialmente a medida que el espectador pasa alrededor y a través de ellas. Ya que el manejo del espacio interior en las pirámides era mínimo, la configuración del paisaje en relación con los elementos interiores constituye el total drama escultórico en una medida ¡que incluso sorprendería al artista conceptual Christo! Tierra y elemento, como en los grandes palacios y jardines de Europa o en las casas y patios de Japón, son conceptualmente uno en su principio. La idea puede ser válida y convincente en cualquier medida. Así, en Brasilia, tres edificios relativamente pequeños se hallan situados en un paisaje donde la tierra está bordeada por un sistema de planos de césped en ángulo y patios pavimentados que crean apropiadamente una separación física, pero dentro de una continuidad de espacio, intuida visualmente, y en una plasticidad escultórica total de planos inclinados. Los espacios enmarcan los edificios y están modelados por y para ellos, en la medida en que éstos, a su vez, parecen casi siempre "pegarse" al paisaje. El pasto que bordea la parte lateral larga del paraje le da privacía respecto de las embajadas vecinas y orienta las perspectivas hacia el lago. Desde estos bordes una trabe atraviesa el espacio con el fin de entrelazar el edificio con la tierra, y así se representa el sentido simbólico de la llegada a través del pórtico de entrada hacia la cancillería y del pórtico con columnas que delimita la recepción, las áreas de terrazas así como la piscina, en la residencia del embajador.

Teotihuacán.

The patio of the Convent of Acolman, XVI c.

In the functionaries' houses, partition walls divide the site while the porch area here becomes a common, central patio that serves as a shared access garden. The porches, while functioning as a sheltering system suitable to a warm climate with heavy rains during half the year, are a visual system of light and shadows that becomes a visibly strong theme from a distance. The simple front planes of beam and support catch the light in contrast to the shadowed planes of the recessed porches.

As the Embassy has its spiritual antecedent in the organizational landscape drama of the Pyramids, The Colegio de México evokes recollections of the convents and monasteries of sixteenth-century Mexico and their theme idea of building related to patio. In both projects this is accomplished in an unequivocally twentieth-century expression. It is not the conscious incorporation or copying of elements or forms from the past but the spirit of the past, the durable values that the designer seeks to respect and recapture in a language relevant to his own time.

En las casas de los funcionarios, el lugar está dividido mediante muros separadores, mientras que el área del pórtico la constituye un patio central y común que sirve como jardín de acceso compartido. Los pórticos, aunque funcionan como sistema protector conveniente en un clima cálido con lluvias copiosas durante medio año, constituyen un sistema visual de luz y sombra que se aprecia como un motivo poderoso, visto desde la distancia. Los simples planos frontales de viga y soporte aprehenden la luz en contraste con los planos sombreados de los pórticos remetidos.

Así como la Embajada reconoce su antecedente espiritual en el drama de organización del paisaje de las pirámides, el Colegio de México evoca las reminiscencias de los conventos y monasterios del siglo XVI mexicano, mediante el motivo de un edificio relacionado con el patio. En ambos proyectos, estos elementos se realizaron de una manera expresiva, inequívoca del siglo XX. No se trata de la incorporación consciente o de la copia de elementos o formas del pasado, sino de su espíritu y de los valores duraderos que el diseñador trata de respetar y capturar de nuevo en un lenguaje adecuado a su tiempo.

Appropriate adaption is an ongoing process in architecture. Tradition, climate and local means always, if not initially, transform purist notions. When architecture of the European tradition was brought to Mexico during the Spanish conquest, a new problem confronted the colonizers: how to create architecture of meaning in a country used to different construction methods and with another sensibility of space and form; the Indians basically did not conceive of public buildings as interior space. The sixteenth-century Hispanic convent required a main space of assembly related to the interior of the church for the Indians who could number up to 2,000 for Mass and who did not enter the worship area. This space was really conceived as an exterior room or to be more than just a circulation court. Since the Spanish were apprehensive of the Indians, these convents often resembled primitive fortresses, with interior spaces of double atriums and sequences of protective walls that also served to keep interiors cool. Spaces were characteristically related on shifting and crossing axes, rather than sequential as in classic architecture, permitting them to develop their own distinctive personality. Elements were transformed, new elements were added and the Spanish-inspired architecture of Mexico became a symbiosis of both.

The ingredient essential to buildings with such court concepts is, of course, the benevolently agreeable climate. Bathed in crisp sunshine the court in Mexico has the year-round romance that is the summer life only of the piazzas of France and northern Italy. In Mexico, gardens can be places to assemble and corridors, no longer necessary as interior connecting lines, can be the galleries and cloisters of courts and patios. This fact alone liberates architecture from lines of sequence. A Versailles or a Blenheim would make little sense in a climate where the organization can be, as in the sixteenth-century convent, free and flowing but still disciplined and with nature combined in its own inimitable and unmanicured way.

Una apropiada adaptación forma parte de un proceso en curso en la arquitectura. La tradición, el clima y los medios locales transforman siempre, si no inicialmente, las nociones puristas. Cuando la arquitectura de la tradición europea llegó a México durante la conquista española, los colonizadores se enfrentaron a un nuevo problema: cómo crear una arquitectura significativa en un país acostumbrado a métodos de construcción diferentes y con otra sensibilidad frente al espacio y la forma; los indios no concebían básicamente los edificios públicos como espacio interior. El convento español del siglo XVI requería un espacio principal de reunión conectado con el interior de la iglesia, para alojar a más de 2,000 indios en la misa, pues no cabían en el área de culto. Este espacio se concibió, en realidad, como un cuarto exterior, algo más que un mero patio de circulación. Como los españoles eran un poco recelosos de los indios, estos conventos a menudo tuvieron el aspecto de fortalezas primitivas, con espacios interiores de atrios dobles y secuencias de muros protectores que servían también para mantener la frescura en los interiores. Los espacios, no tan secuenciales como en la arquitectura clásica, se vinculaban de manera característica mediante desplazamiento y entrecruzamiento de ejes que les permitían desarrollar un carácter propio. Los elementos se tranformaron, nuevos elementos se añadieron y la arquitectura mexicana, que se había inspirado de la española, llegó a ser simbiosis de ambas.

El ingrediente esencial en los edificios construídos según ese concepto del patio es desde luego el clima agradable y benévolo. Bañado en la brillante luz del sol, el patio en México disfruta todo el año del idilio que sólo se da en verano en las piazzas de Francia y del norte de Italia. En México, los jardines pueden ser lugares para congregarse, y los corredores, no necesariamente más largos que las líneas interiores de conexión, pueden constituirlos las galerías y claustros de los patios. Este solo hecho libera a la arquitectura de las líneas de secuencia. Versalles o Blenheim no tendrían mucho sentido en un clima donde la organización puede presentarse como en el convento del siglo XVI, libre y flúida, pero sin embargo disciplinada y en combinación con la naturaleza en su propia e inimitable manera.

Anthropological Museum, 1962. Arqs. Pedro Ramírez Vázquez, Jorge Campuzano, Rafael Mijares.

Drawing from this spirit, Pedro Ramírez Vázquez, Rafael Mijares and Jorge Campuzano, architects for the Anthropological Museum in Mexico City, organized exhibit spaces around a central, rectangular courtyard which offers alternative ways to move in and out of the building's interior galleries. This, and of course the dramatic water fountain that appears as a giant umbrella suspended from a central column, make the museum a memorable experience.

Influidos por este espíritu, Pedro Ramírez Vázquez, Rafael Mijares y Jorge Campuzano, arquitectos del Museo de Antropología de la ciudad de México, organizaron un espacio de exhibición alrededor de un patio central, rectangular, que permite distintas maneras de moverse dentro y fuera de las galerías interiores del edificio. Lo anterior, y desde luego la fuente espectacular que parece una sombrilla gigante suspendida de una columna central, hace que se tenga una experiencia memorable del museo.

El Colegio de México, 1975. Arqs. T. González de León, A. Zabludovsky.

González de León and Zabludovsky used the asymmetrical court at the Colegio as the focal element of the building, taking advantage of the land's natural slope to achieve a space whose ground plane is dynamically conceived as basically three platforms interconnected at different levels, through ascending terracelike stairways and landing areas. The entrance, the most spacious area affords access on its upper half level to administrative offices, classrooms and seminar areas and library, and half a level below to the auditorium and book store. The major lower space and favorite gathering area of students is an intimate extension of the cafeteria. From the more private and quieter upper platform, dramatically overlooking the lower terrace levels and stairways, the dean's office, study and research spaces are entered.

González de León y Zabludovsky utilizaron el patio asimétrico de El Colegio, elemento focal del edificio, aprovechando la pendiente natural de la tierra para lograr un patio cuyo plano de suelo se concibe de manera dinámica, formado básicamente por tres plataformas interconectadas en diferentes niveles mediante escaleras ascendentes en forma de terraplén y áreas de rellanos. La entrada, que es el área más espaciosa, permite el acceso en su nivel superior medio a las oficinas administrativas, los salones de clase, las áreas para seminarios y la biblioteca, y, medio nivel mas abajo, el auditorio y a la librería. El espacio principal más bajo, área de reunión preferida de los estudiantes, es una extensión de la cafetería. Por la plataforma superior, tranquila y privada, que domina espectacularmente la terraza inferior, con sus niveles y escaleras, se llega a la oficina del Presidente y a los espacios de estudio e investigación.

The wonderful landscape of the "Pedregal del Ajusco," an area of 3,000-year-old volcanic rock and vegetation south of Mexico City, whose beauty Luis Barragán embraced in his own Pedregal Gardens designs, is the natural setting for the building. Its purplish and pitted appearance, to which cling the contorted forms of Encino trees and other picturesque growth, penetrate into the center court as the landscape theme, tipping down as the backdrop to the lower space with its polished, rich, curved, red-tiled seating areas that are landscape, sculptural elements in the court's design. From this court, opened panoramically by the major raking plane of the building's west extremity and framed by a 40-meter-long concrete beam that dramatically spans the entrance to the space is an extraordinary view of the forest and mountains beyond that encircle the valley of Mexico. Ringed by entrance terraces, the court is partly shaded (similar to the Delegación court) by a system of ochre-tinted vaults that bring a beautiful ambience of warm, washing light to the space, in contrast to the crispness of direct sunlight in other areas of the court. It is a rich play of soft tones of warmth, light and shade, of reflection and diffusion. The special ecology of the area is brought into harmony with the architecture, even in the parking lot whose slightly irregular and perverse alignment of parking slots, laid out to preserve existing planting, unequivocally proving that in design nothing need be relegated to the purely utilitarian. Even the common security fence, whose tan-colored circular posts rise out of the undulating ground plane and appear as though they have been evenly sheared off horizontally at eye level, are a continuation of the same idea of landscape sensitivity.

The Colegio de México, founded in 1940, is a state-supported, free university of 300 students and 200 research professors. The Colegio, on a new site given to it by the government, was designed, approved, and built within twelve months and was inaugurated in September, 1976. González de León

El escenario natural del edificio lo constituye el maravilloso paisaje del "Pedregal del Ajusco", área de vegetación y rocas volcánicas de hace 3,000 años, al sur de la ciudad de México, cuya belleza aparece incluída en los propios diseños de Luis Barragán en los Jardines del Pedregal.

La apariencia amoratada y con hoquedades de estas rocas a que se aferran las formas contorsionadas de los encinos y otros crecimientos vegetales pintorescos penetra en el patio central como un motivo del paisaje que se inclina, como telón de fondo, hacia el espacio inferior que presenta áreas para sentarse construídas con ricas y pulidas baldosas rojas que constituyen elementos esculturales del paisaje en el diseño del patio. Desde este patio abierto panorámicamente mediante el principal plano inclinado de la extremidad oeste del edificio y estructurado por una viga de concreto de 40 metros de largo que extiende espectacularmente la entrada hacia el espacio, se puede apreciar una extraordinaria vista del bosque y de la lejanía de las montañas que circundan el valle de México. Precedido por las terrazas de la entrada, el patio está en parte sombreado por un sistema de bóvedas ocres, éste le proporciona un bello ambiente de luz cálida que baña el espacio y contrasta con la claridad de la luz directa del sol en otras áreas del patio. Se trata de una rica combinación de suaves tonos cálidos, brillantes y sombreados, de reflejos y dispersión.

La especial ecología del área armoniza con la arquitectura, aún en el estacionamiento, cuyos lotes alineados son ligeramente irregulares para preservar las plantas existentes, lo cual prueba inequívocamente que en diseño nada tiene que someterse al puro utilitarismo. Incluso la valla de seguridad, cuyos postes circulares de color bronce, se erigen fuera del plano ondulante del suelo y parecen como si los hubieran cortado horizontalmente, revela la continuación del mismo concepto puesto en práctica de la sensibilidad hacia el paisaje.

El Colegio de México, fundado en 1940, es una universidad libre sostenida por el estado, con 300 estudiantes y 200 profesores investigadores. El Colegio, reubicado en un nuevo lugar ofrecido por el gobierno, fue diseñado, aprobado y construído en doce meses e inaugurado en septiembre de 1976.

and Zabludovsky were selected from a limited competition between three firms as the building's architects. Inspired by the precedent and accomplishment of Infonavit, structure and the stepped form are again employed as sun control and the means of light diffusion to the interior. The concrete is similarly bush-hammered exposed marble chip, although here it seems richer because of the use of a larger marble aggregate that brings a more confident sense of scale to the surface. As in Infonavit and many of the earlier buildings, color, never applied, comes directly from natural materials and the chiseled hues of exposed marble aggregate. It is intrinsic and monolithic to the architecture. The oneness of the building is likewise a greater strength in Colegio. This derives in part from major areas of the floor plane also being of exposed, hammered concrete, easier to maintain than the unbroken, red-tiled floor plane at Infonavit. Smooth polishing on the concrete stairways also brings a subtle richness through a change of texture to the concrete surfaces.

The open corridor solution makes this a more potent, indigenous example of architecture than Infonavit. Here, the problem of ventilation is cleverly handled in a natural manner by a continuous band of center-pivoted glass, located above the large vision panes of glass and within the beam depth of the horizontal bands of concrete structure at each floor level. These planes of concrete are drawn through space with an exactness that is accentuated by the precision and tautness of glass planes.

The use of the disciplining geometry of the 3:4:5 right-angled triangle has been also applied with greater dexterity here than at Infonavit. Although Colegio's freer site context offered more flexible possibilities, there is a relaxed richness in overlapped angles, right angles, and the use of triangulated forms as pivot elements in the design that comes only from familiarity with the architectural vernacular. The building, however, has its small idiosyncrasies. The angled structure of the exposed columns will, without any change of sun condition, at

González de León y Zabludovsky resultaron seleccionados como los arquitectos del edificio en un concurso limitado entre tres empresas. Inspirado por el precedente y acabado Infonavit, la estructura y la forma escalonada se emplean, de nuevo, como medios de control del sol y de difusión de la luz en el interior. También se encuentra el concreto martellinado aparente, con pedacería de mármol, aunque aquí aparece más rico por el uso de un mayor agregado de mármol que confiere a la superficie un sentido de proporción más seguro. Como en el Infonavit y en muchos de los primeros edificios, el color nunca se aplica sino que surge directamente de los materiales naturales y de los matices cincelados del agregado de mármol aparente. El color es intrínseco y monolítico en arquitectura. La unidad del edificio es otra de las cosas que dan fuerza al Colegio. Esto deriva en parte de que la mayor parte de las áreas de piso son también de concreto martillado y aparente, más fáciles de mantener que el piso contínuo de baldosas del Infonavit. El suave concreto pulido de las escaleras aporta asimismo una sutil riqueza mediante un cambio de textura en las superficies de concreto.

La solución del corredor abierto es un ejemplo poderoso de arquitectura autóctona, más expresivo que en el Infonavit. En El Colegio, el problema de la ventilación se manejó con destreza y mayor naturalidad mediante la instalación de una banda contínua de vidrio, que gira sobre un pivote central, situada por encima de los paneles amplios de vidrio y dentro de la profundidad de la viga de las bandas horizontales de la estructura de concreto, en cada nivel de planta. Estos paneles de concreto están trazados en el espacio con una exactitud que acentúan la precisión y tersura de los paneles de vidrio.

El uso de la geometría ordenada del triángulo rectángulo de 3:4:5 también se aplicó con más destreza en El Colegio que en el Infonavit. Aunque el contexto de un lugar más libre en El Colegio ofrecía posibilidades más flexibles, se aprecia una riqueza más suelta en cuanto a ángulos superpuestos, ángulos rectos, y al uso de formas trianguladas como elementos pivotales del diseño, que surge de la familiaridad con los elementos arquitectónicos vernáculos. El edificio, sin embargo, presenta pequeñas características propias. La estructura inclinada de las columnas aparentes puede enderezarse

limited points—for example, in the western facade —be straightened out to be at right angles to the facade. Likewise, the flat plane of the top cornice cuts inward to the glass for purely aesthetic effect. Well, after all, Oscar Wilde did remark that "consistency is the last resort of the unimaginative." More than unreasoned permissiveness though, these touches are evidence of a love of building that aspires above the commonplace.

In the Embassy, structure as an idea is clearer and more visible than with Colegio's more subtle expression. But then the role of the expression of structure in architecture is difficult to define. To this point, says González de León, who is obviously more intrigued with the "numbers" and modules as organizing method than Zabludovsky, "You cannot have an architecture where structure disappears and you have no sense of how a thing stands. In the other way in my own house, the structure is very obvious, and I am not so satisfied with that now. When things are too literal they can become boring. With the Colegio, space is still governed by numbers, but you don't see them clearly, so you don't feel governed." The more subtle presence of structure at the Colegio has also created a livelier building, richer in alternatives and differences in the various floor levels. If architecture cannot change and space does not have life it will rapidly deteriorate. If space cannot be varied it will destroy initiative. The Colegio stands well by this criteria. There is, too, the sense of sparseness to which we are accustomed in Mexico after Barragán's work, but here the framework seems more urbane, less vulnerable, less removed, with stronger roots in the technology and methodology of building.

Time has fused the Eiffel Tower to the Paris cityscape and maybe time will eventually be as kind to the Place Beauborg. At the moment its urban rapport is through contrast. The Colegio fits into the Mexican landscape also as a bold presence but here through the language of dialogue and rapport. It is powerful and serene without being aggressive. "Modern art is modern because it is critical," says Octavio Paz. The Colegio has a contemporary pertinence because, as a statement of architecture, it responds at a declarative critical level to function, structure, context, design attitude and response as

para formar ángulos rectos con la fachada, sin que haya existido un cambio en las condiciones solares, en puntos limitados como la fachada oeste, por ejemplo. Igualmente, el plano liso de la cornisa superior corta el vidrio en el interior para producir un puro efecto estético. Después de todo, Oscar Wilde hizo notar que "la coherencia es el último recurso de la falta de imaginación". Más que licencias caprichosas, estos detalles evidencian un amor por la construcción que aspira a elevarse sobre el lugar común.

En la Embajada, la estructura como concepto es más clara y visible que en la manifestación más sutil de El Colegio. Pero también es difícil definir el papel que representa la expresión de la estructura en arquitectura. Sobre este punto, González de León, a quien le preocupan más los "números" y los módulos como método de organización que a Zabludovsky, dice: "No existe una arquitectura cuando la estructura no aparece y por lo tanto no se sabe cómo una cosa se sostiene. Por otra parte, en mi propia casa la estructura es muy obvia y no estoy muy satisfecho de eso ahora. Cuando las cosas son demasiado literales se vuelven aburridas. El espacio de El Colegio aún lo gobiernan los números, pero no se ven claramente, así que uno no se siente gobernado". La presencia más sutil de la estructura ha creado también en El Colegio un edificio más vivo, más rico en posibilidades y diferencias en los varios niveles. Si la arquitectura no puede cambiar, y el espacio no tiene vida se deteriorará rápidamente. Si el espacio no puede variar se destruirá la iniciativa. Estos criterios se mantienen en El Colegio. Aparece también algo adusto a lo que estamos acostumbrados en México después de la obra de Barragán, pero aquí el armazón parece más urbano, menos vulnerable, menos remoto, con fuertes raíces en la tecnología y en la metodología de la construcción.

El tiempo ha logrado fundir a la Torre Eiffel con el paisaje citadino de París y tal vez, a la larga, haga lo mismo con la Place Beaubourg. Por ahora su relación urbana se da mediante el contraste. El Colegio se adecúa al paisaje mexicano como una presencia definida también, pero en este caso, mediante el lenguaje del diálogo y la relación. Es poderoso y sereno, sin ser agresivo. "El arte moderno es moderno porque es crítico", dice Octavio Paz. El Colegio tiene una pertinencia contemporánea porque, como manifestación arquitectónica, responde en un nivel crítico a la función, la estruc-

View from the entrance.

Vista desde la entrada.

View from the garden.

Vista desde el jardín.

Plan of main level.

Planta principal.

Section.

Corte.

0   5   10m.

View from the garden.

Vista desde el jardín.

View of the main entrance.

Vista de la entrada principal.

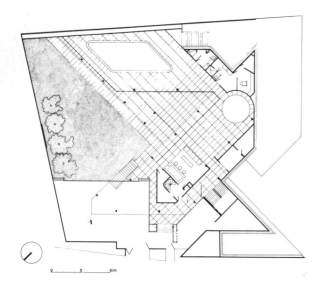

Plan lower level, entrance level, upper level.

Planta baja, planta entrada, planta alta.

View of the dining terrace.

Vista de la terraza del comedor.

View from the entrance terrace.

Vista desde la terraza de entrada.

Casa Abraham Zabludovsky, 1969

ARCHITECT: A. ZABLUDOVSKY

Built on a fan-shaped site with a pronounced incline, the house, oriented toward the ravine, rests on a raised concrete platform sited halfway down the slope. The exterior walls are in ochre–colored concrete with white marble aggregate.

Construída en un lote de terreno en forma de abanico y con una pendiente muy pronunciada, la casa se asienta sobre una plataforma de concreto elevado a media altura de la pendiente; sus habitaciones se hallan orientadas hacia la barranca. Los muros exteriores son de concreto ocre con agregado de mármol blanco.

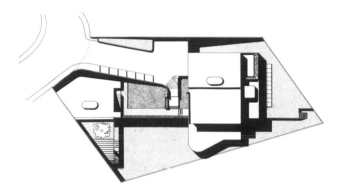

View across the ravine.

Vista desde la barranca.

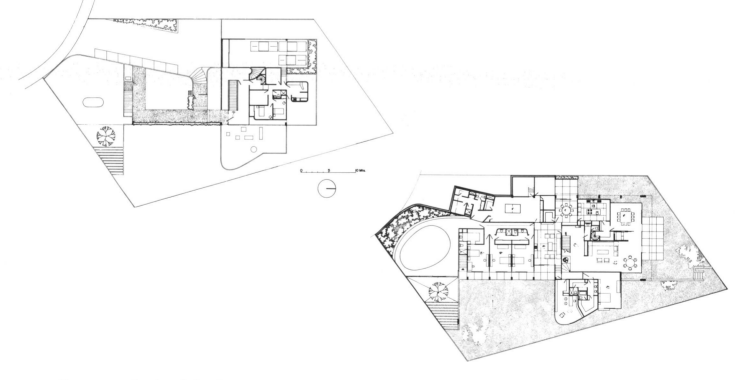

Plan entrance level, main level.

Planta entrada, planta principal.

Detail of the structure.

Detalle de la estructura.

Detail of the entrance.

Detalle de la entrada.

Garden stairs.

Escalera del jardín.

Detail entrance terrace.

Detalle terraza entrada.

View from the entrance terrace.

Vista desde la terraza de entrada.

Casa Teodoro González de León, 1969

ARCHITECT: T. GONZÁLEZ DE LEÓN

A long passageway, 7.50 m wide, affords access to the house, which is located in an area profusely dotted with trees. The house is on a single floor, with the exception of a small structure housing the servants' quarters on the roof. It is divided into three areas: private quarters for adults, bedroom and studios; private quarters for children; and a central area with living room, dining room, game room and kitchen.

Un largo corredor de 7.50 m. de ancho da acceso al terreno, enclavado en una manzana profusamente arbolada. La casa es de una planta, con un pequeño volumen que aloja al servicio en la azotea. Se divide en tres zonas: locales privados para adultos, recámara y estudios; locales privados para niños; y una gran zona central con estancia, comedor, cuarto de juegos y cocina.

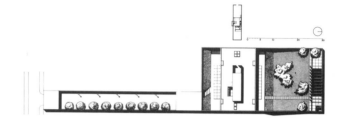

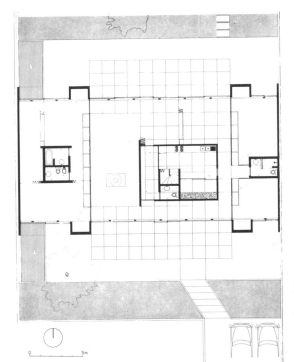

Main level.

Planta principal.

Garden facade.

Fachada al jardín.

Entrance court.

Patio de entrada.

83

Casa Jacobo Zabludovsky, 1973

ARCHITECT: A. ZABLUDOVSKY

Situated near the city of Toluca, the focus of this weekend
house in the country is the swimming pool placed
between the living room and the bedrooms and covered
by a high-sectioned roof with juxtaposed slopes. The
structure is of concrete, the exterior walls are in stone
and brick, and the windows are in aluminum.

*Se trata de una casa de campo, para los fines de
semana, cerca de la ciudad de Toluca. En el centro de
la composición, entre la estancia y las recámaras, se
encuentra la alberca, cubierta por un techo alto
seccionado con pendientes en sentidos opuestos. La
estructura es de concreto, y las paredes exteriores, de
piedra y tabique aparente. La ventanería es de aluminio.*

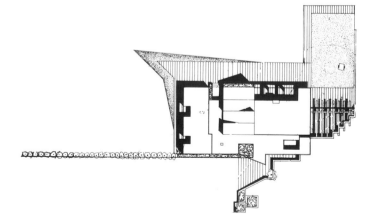

View from the swimming pool.

Vista desde la alberca.

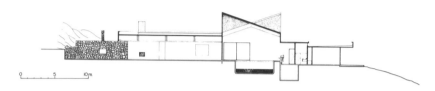

View from the dining room.

Vista desde el comedor.

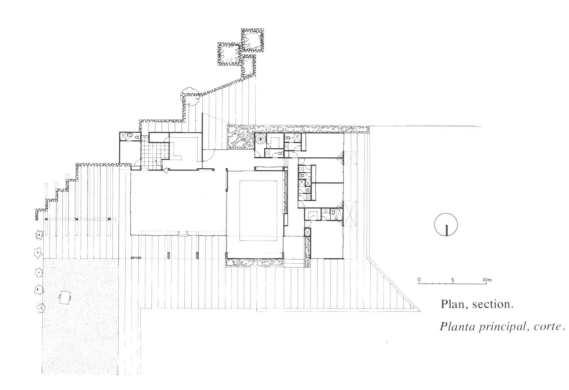

Plan, section.

Planta principal, corte.

Entrance.

Entrada.

Torres de Mixcoac, 1967

ARCHITECTS: T. GONZÁLEZ DE LEÓN, A. ZABLUDOVSKY

This housing complex, created by the Operating and
Banking Discount Fund for Housing (FOVI), has 2,056
units grouped in twelve-, six- and five-story buildings,
achieving a high density of 850 inhabitants per hectare.
All the buildings have four apartments on a floor. The walls
are in pressed clay block. For economy of construction,
only three different window sizes were utilized
throughout the complex.

*Este Conjunto de Habitación, creado por el Fondo de
Operación y Descuento Bancario para la Vivienda
(FOVI), cuenta con 2 056 viviendas en edificios de 12, 6
y 5 niveles, con una alta densidad (850 habs/Ha.). Todos
los edificios tienen 4 departamentos por planta. Los
muros son de block de barro prensado. En todo el
conjunto se utilizaron tres tamaños de ventanas.*

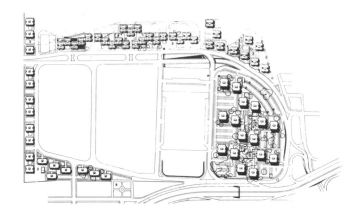

View of the project from the highway.

Vista del conjunto desde la autopista.

View of a tower from the square.

Vista de una torre desde la plaza.

View of the pedestrian street.

Vista de la calle peatonal.

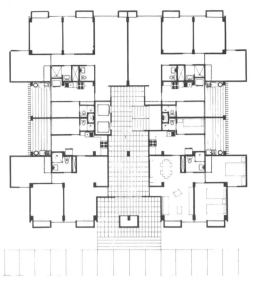

Plan, tower entrance level.

Plano, nivel entrada de las torres.

View of five-story building.

Vista del edificio de cinco pisos.

View of the courtyards.

Vista de los patios interiores.

La Patera, 1969

ARCHITECTS: T. GONZÁLEZ DE LEÓN, A. ZABLUDOVSKY

Designed in two stages for FOVISSTE (The State Workers' Housing Fund), this complex consists of 1,760 housing units, organized in clusters of between 100 and 120 apartments, each nucleus with two or three access squares. The buildings are of two, three, four and five stories, producing a stepped profile. The plumbing for bathrooms and kitchens is concentrated into a single wall within each apartment. Wall dimensions are designed to conform to the modular size of the building block utilized.

Diseñado en dos etapas para el FOVISSTE (Fondo de la Vivienda para los Trabajadores al Servicio del Estado), este conjunto agrupa 1760 viviendas, organizadas en núcleos, de 100 a 120 departamentos cada uno, con dos o tres plazas de acceso. Los edificios, de 2, 3, 4 y 5 niveles, se combinan, produciendo un escalonamiento de alturas. Las instalaciones hidráulicas y sanitarias se concentran en un solo muro al que se adosan baños y cocinas, mientras que las dimensiones de los muros se conforman al tamaño del block de barro utilizado.

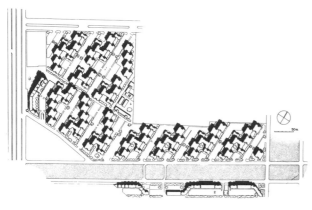

Entrance to low-rise buildings.

Entrada a los edificios bajos.

View of the courtyards.

Vista de los patios interiores.

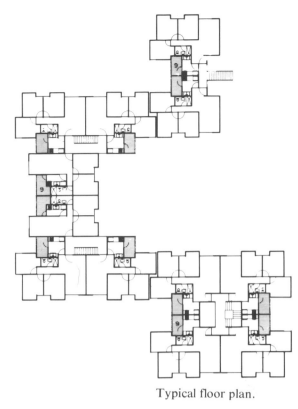

Typical floor plan.

Planta tipo.

Street view looking to towers.

Vista de las torres desde la calle.

Fuente de las Pirámides, 1974

ARCHITECTS: T. GONZÁLEZ DE LEÓN, A. ZABLUDOVSKY, F. ROSEMBERG

This complex consists of two apartment buildings built
on a hillside. Constructed three years apart, and
belonging to different owners, the same design criteria
were adopted for both buildings with the intent to achieve
an architectural whole. With their stepped balconies, the
upper floor apartments are the largest in area, and the
facades are designed as a relationship of 120° angles.

*Consta de dos edificios de departamentos construídos
sobre una ladera. Pertenecen a distintos propietarios y
se edificaron en un lapso de tres años de diferencia; sin
embargo se adoptó, para ambos, el mismo criterio de
diseño, y forman por lo tanto un conjunto
arquitectónico. Los departamentos de los pisos
superiores son los de mayor área y presentan terrazas
que se escalonan. Las fachadas se quiebran en ángulo
de 120°.*

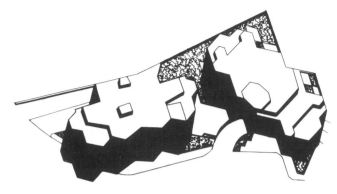

View to the entrance.

Vista de la entrada.

View from terrace to the entrance plaza.

Vista desde la terraza a la plaza de entrada.

View between the buildings looking north.

Vista de los edificios hacia el norte.

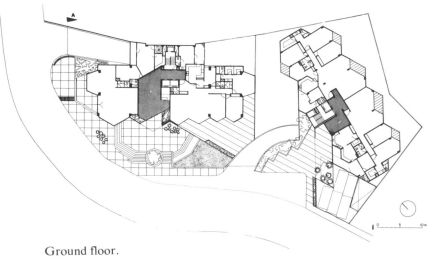

Ground floor.

Planta baja.

View between the buildings looking south.

Vista de los edificios hacia el sur.

98

Avenida de las Fuentes, 1975

ARCHITECTS: T. GONZÁLEZ DE LEÓN, A. ZABLUDOVSKY

The design of the apartment building is a response to a number of requirements, including maximizing the use of a triangular site fronting onto two streets, respecting the alignment and height restrictions which differ from one street to the other, and achieving the most desirable orientation for the rooms. The project is characterized by the voids behind the parapet walls of the facade in contrast with the vertical planes of solid elements. The focal sculpture in front of the building is by Mathias Goeritz. The twenty-seven-floor building contains fifty-nine apartments. The structure is of reinforced concrete and the facade is of pre-cast concrete blocks with an exposed marble-chip finish.

Este diseño responde a varias necesidades: ocupar de la mejor manera un terreno triangular con frente a dos calles; atenerse a las restricciones de alineamiento y altura, que cambian de una calle a la otra, y orientar las habitaciones adecuadamente. El proyecto se caracteriza por el contraste que se establece entre los paños ciegos verticales de las fachadas y los vanos, situados encima de los pretiles. La escultura colocada en el frente es de Mathias Goeritz. El edificio, de 27 pisos, tiene 59 departamentos. La estructura es de concreto armado, y la fachada, de precolados de concreto con acabado de grano de mármol expuesto.

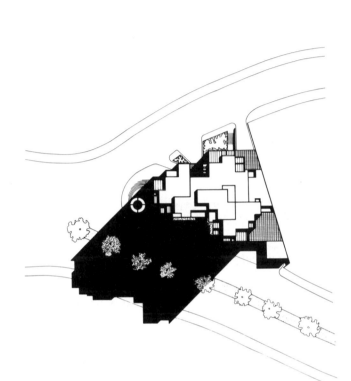

View of the south facade.

Vista de la fachada sur.

Main entrance.

Entrada principal.

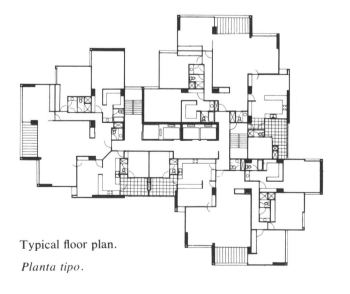

Typical floor plan.

Planta tipo.

Corner detail, with sculpture by Mathias Goeritz, background building by the same architects.

Detalle de la esquina con escultura por Mathias Goeritz, el edificio de atrás es obra de los mismos arquitectos.

Detail of the pre–cast system.

Detalle del sistema de precolados.

View from the main approach.

Vista desde el acceso principal.

View of the southwest facade.

Vista de la fachada suroeste.

El Infonavit, 1973

ARCHITECTS: T. GONZÁLEZ DE LEÓN, A. ZABLUDOVSKY

This is the administrative headquarters of the
public-service institution that initiates workers' housing.
Consisting of two buildings, one is a public facility of
16,000 sq. meters containing office space, a library,
auditorium, a dining room for 1,200 employees and
general services; the other provides parking for 500
automobiles. Together, the buildings define the trapezoid
form of the entrance plaza. The public facility housing the
offices has two parallel circulation ways flanking a
covered interior patio and a lower level sunken garden.
The walls, columns, beams and parapets, while being
structure, are conceived as the system for protecting the
interior against the sun. The building is in concrete with
bearing walls cast in-situ, the floor structure is
prefabricated.

*Edificio sede de la institución de servicio público
encargada de proporcionar vivienda a los trabajadores.
Tiene 16,000 sq. metres de oficinas, además de una
biblioteca, un auditorio, un comedor para 1 200
empleados, servicios generales y estacionamiento para
500 automóviles. Consta de dos edificios. En uno se
encuentra el estacionamiento, situado contra los edificios
existentes y que bloquea la vista de sus colindancias:
forma el paramento trapezoidal de la plaza de entrada,
que comunica las dos calles que limitan el terreno. El
otro consta de dos crujías paralelas separadas por un
patio interior cubierto que remata en un jardín hundido.
Todos los elementos—muros, parteluces-columnas y
trabes-pretil—tienen funciones estructurales: sus
inclinaciones y sus remetimientos escalonados se
calcularon como un sistema de protección solar para los
interiores. El edificio es de concreto y low elementos
portantes se colaron en el sitio, mientras que los
entrepisos son prefabricados.*

View of the north facade looking to the parking
structure.

*Vista de la fachada norte hacia el edificio de
estacionamiento.*

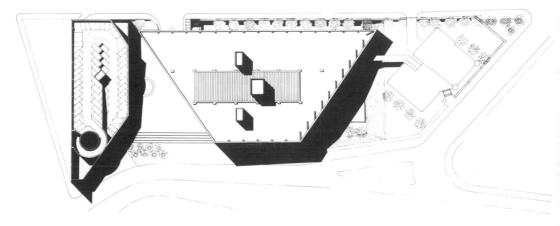

View of the central circulation area from lower garden
court.

Vista del núcleo de circulációnes desde el jardín hundido.

View of the main plaza.

Vista de la plaza principal.

View from plaza to the rear street.

Vista desde la plaza hacia la calle de atrás.

View looking across the main plaza to the parking
structure.

*Vista del edificio de estacionamiento desde la plaza
principal.*

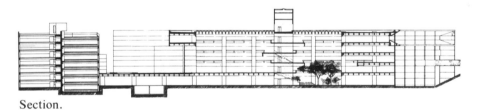

Section.

Corte.

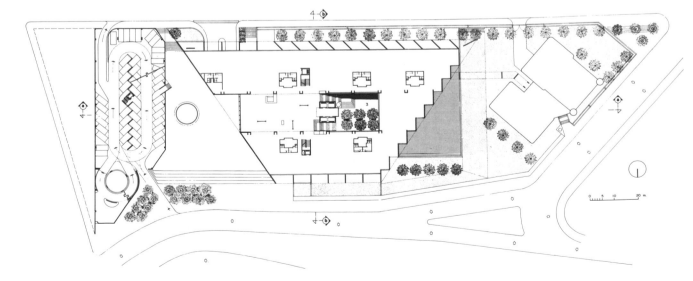

Entrance level.

Nivel entrada.

View of the building, southwest corner.

Vista de la esquina suroeste del edificio.

View of the garden facade.

Vista de la fachada al jardín.

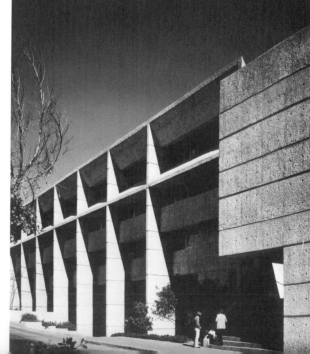

Secondary entrance to main plaza and south facade.

Entrada secundaria a la plaza principal y fachada sur.

View to the entrance plaza.

Vista hacia la plaza de acceso.

View at the main entrance.

Vista de la entrada principal.

View of the central circulation area from the entrance court.

Vista del núcleo de circulaciones desde el patio de entrada.

Looking down into lower garden court.

Vista hacia abajo del jardín hundido.

View of the lower garden court.

Vista del jardín hundido.

Museo de Arte Contemporaneo Internacional Rufino Tamayo, 1975

ARCHITECTS: T. GONZÁLEZ DE LEÓN, A. ZABLUDOVSKY

This museum is being created to house a priceless collection of paintings by Tamayo and other important works of art donated by the painter. It will contain thirteen rooms showing the different schools of contemporary art, including architecture and design. The closed rooms will be loosely connected by ramps, so that the visitor can follow a random, rather than a predetermined route. The museum will also have an auditorium and projection room, a library, cafeteria and a workshop for mounting and restoring works of art.

Este museo se creará para exhibir una valiosa colección de pintura de Rufino Tamayo y otras obras artísticas importantes, donadas por el propio Tamayo. Contendrá trece salas que mostrarán las diversas escuelas del arte contemporáneo, incluídos diseño y arquitectura. Las salas cerradas se comunicarán mediante rampas de suave pendiente, de manera que el público las visite prácticamente sin solución de continuidad. Contará además con un auditorio y una sala de proyecciones, biblioteca, cafetería, taller de montaje y restauración de obras.

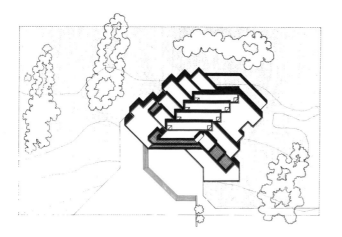

View looking to main entrance.

Vista hacia la entrada principal.

Overall view.

Vista general.

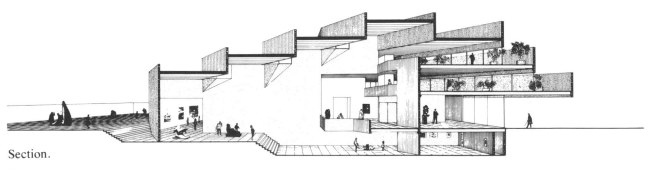

Section.

Corte.

118

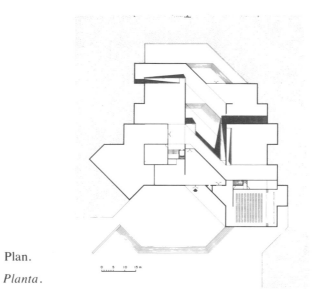

Plan.

Planta.

View approaching the building.

Vista con el acceso al edificio.

Embajada de México en Brasilia, 1973

ARCHITECTS: T. GONZÁLEZ DE LEÓN, A. ZABLUDOVSKY, F. SERRANO

The Mexican Embassy in Brasilia was commissioned by the Ministry of Public Works. It consists of the Chancellery, the ambassador's residence and seven houses for embassy officials. To take advantage of the steep slope of the site in a manner reminiscent of pre-Hispanic centers, a system of earth burms was created. These cut off lateral views and form a series of spaces that connect buildings while serving to unify the complex. The central design theme of the three sections is the portico: in the officials' houses it takes the form of a patio; in the residence it is a half-covered space which houses the swimming pool and the terraces and extends to the reception areas, and, in the Chancellery, the portico constitutes the entrance.

Este proyecto se realizó por encargo de la Secretaría de Obras Públicas. Consta de la cancillería, la residencia del embajador y siete casas para funcionarios de la embajada. Por la fuerte pendiente del terreno, y a la manera de los centros ceremoniales prehispánicos, se creó un sistema de taludes de tierra que forman una serie de cavidades en las que se alojan los edificios y dan unidad al conjunto. Por otra parte, se logra crear intimidad en los edificios, pues los taludes los protegen de las vistas laterales. El tema central del diseño en los tres edificios es el pórtico: en las casas de los funcionarios adopta la forma de un patio, mientras que en la residencia determina un espacio semicubierto que alberga la piscina y las terrazas; estas prolongan los espacios de recepción. En la cancillería, el pórtico constituye la entrada.

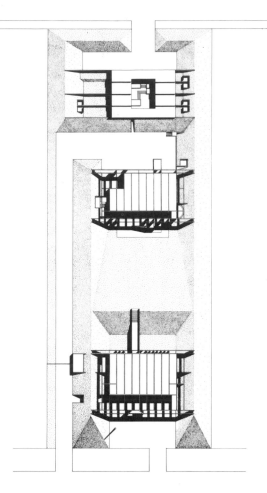

Entrance portico to Chancellory.

Pórtico de entrada a la Cancillería.

Main entrance to Chancellory.

Entrada principal a la Cancillería.

Lower Level

Planta Baja

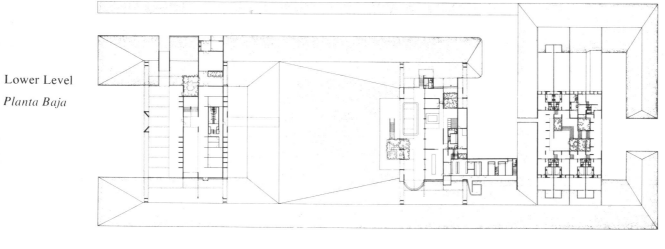

Section

Corte

Upper Level

Planta Alta

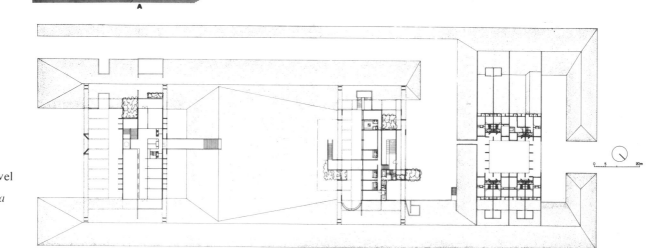

A. Chancellory

A. Cancillería

B. Ambassador's residence

B. Residencia del embajador

C. Staff residences

C. Residencias de empleados

View of the Chancellory from Ambassador's residence.

Vista de la Cancillería desde la residencia del Embajador.

Chancellory portico.

Pórtico de la Cancillería.

Reception area of the Chancellory.

Área de recepción de la Cancillería.

Reception hall of Ambassador's residence

Vestíbulo de la residencia del Embajador.

Connecting link from the Ambassador's residence to the Chancellory.

Conexión de la residencia del Embajador a la Cancillería.

Partial view of the Ambassador's residence, from the garden.

Vista parcial de la residencia del Embajador desde el jardín.

Ambassador's residence.

Residencia del Embajador.

126

Portico of Ambassador's residence.

Pórtico de la residencia del Embajador.

View of the lake from Ambassador's residence.

Vista del lago desde la residencia del Embajador.

Reception hall of Ambassador's residence.

Vestíbulo de recepción de la residencia del Embajador.

El Colegio de México, 1975

ARCHITECTS: T. GONZÁLEZ DE LEÓN, A. ZABLUDOVSKY

This post-graduate research center is constructed around a central quadrangle in the tradition of colleges and monasteries. It stands on a 2.8-hectare site, which varies in level by over forty feet. Trapezoidal in shape, with its longest side facing the entrance and the mountains to the south, the focal space is characterized by three platforms at different, interconnected levels. Each of these has a different character associated with the various functions of the institution. The entrance platform affords access to the 300,000-volume library, with, half a level higher, an entrance to the classrooms and seminaries, and from the platform half a level below, an entrance to the cafeteria, common room for students, and access to the auditorium and bookshop. The top platform leads to the president's office, ten study centers and to the research workers' cubicles. A single material, exposed concrete with marble chips, is employed throughout.

Ocupa un terreno de 2.8 ha, con un desnivel de 13 m. en el pedregal de roca vólcanica del sur de la ciudad de México. El edificio se desarrolla alrededor de un patio central, según la tradición de los viejos colegios y monasterios. Ese espacio contiene los accesos, y funge como elemento distribuidor, de trayectos forzosos y de encuentros. El patio tiene forma trapezoidal, con el lado mayor abierto hacia la entrada y hacia el panorama de las montañas del sur. Presenta tres plataformas a distintos niveles, éstas forman varios ambientes que se asocian con diferentes partes de la institución: la plataforma de entrada da acceso a la biblioteca, con 300,000 volúmenes, y, medio nivel arriba, a la sección de aulas y seminarios y, medio nivel abajo, al auditorio y a la librería. La plataforma baja aloja una cafetería y una sala de estar para los estudiantes. Por la plataforma alta se llega a la presidencia, a los diez centros de estudio y a los cubículos de los investigadores. Se usó un solo material: concreto aparente con grano de mármol expuesto a base de cincel.

View of sunken patio looking to the entrance.

Vista del patio hundido viendo la entrada.

130

Several views of the entrance areas.

Varias vistas del area de entrada.

Main entrance.

Entrada principal.

View of the entrance facade.

Vista de la fachada de acceso.

General view of the patios, several levels.

Vista de los patios con sus variados niveles.

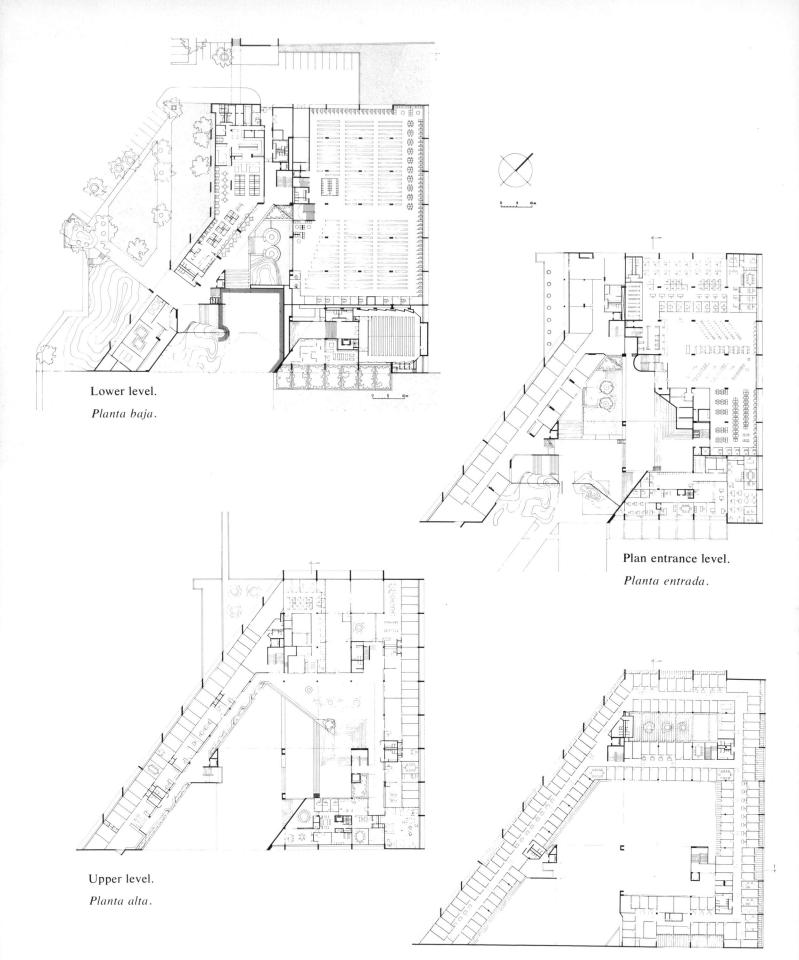

Lower level.

Planta baja.

Plan entrance level.

Planta entrada.

Upper level.

Planta alta.

Top office level.

Planta ultimo nivel.

View of patio from upper level.
Vista del patio desde arriba.

View of patio from the middle level.
Vista del patio desde el nivel medio.

137

View to the exterior west facade.

Vista de la fachada poniente.

Interior view of the cafeteria.

Vista de la cafetería.

View of west facade from parking area.

Vista de la fachada oeste desde el estacionamiento.

View of northeast exterior facade.

Vista de la fachada noreste.

Partial view of northeast facade.

Vista parcial de la fachada noreste.